AF410916

LES
PEINTRES EUROPÉENS EN CHINE

ET

LES PEINTRES CHINOIS

PAR

M. F. FEUILLET DE CONCHES.

(Extrait de la *Revue contemporaine*, t. XXV. 96e livraison.)

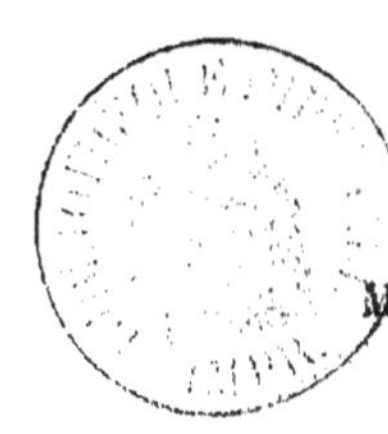

PARIS

IMPRIMERIE DE DUBUISSON ET C

Rue Coq-Héron, 5.

1855

LES

PEINTRES EUROPÉENS EN CHINE

ET

LES PEINTRES CHINOIS

Beaucoup de nos peintres ont transplanté à l'étranger les systèmes de peinture de notre école. Noël Jouvenet est devenu peintre du duc de Brunswick ; Jacques Callot habita Florence depuis 1608 jusqu'à la mort du grand-duc Côme II de Médicis, en 1621 ; Jacques Stella fut appelé par ce même prince ; Pierre Sparvier peignit son propre portrait pour le musée des Offices de la ville de Florence, où l'état florissant des arts l'avait fixé ; François Perrier, le splendide décorateur de l'hôtel de la Vrillière, aujourd'hui la Banque, peignit pour le cardinal d'Este, à Tivoli, le magnifique palais, aujourd'hui si cruellement livré à l'abandon ; Poussin et Mignard vécurent à Rome ; Louis Dorigny, élève de Le Brun, alla, de compagnie avec un des trois Parrocel, enrichir de plafonds le palais du prince Eugène de Savoie, à Vienne ; Antoine Benoist, peintre ordinaire de Louis XIV et son premier sculpteur en cire, séjourna à Londres pour travailler d'après les personnes royales et tout ce qu'il y avait de considérable en ce temps-là ; Charles de La Fosse s'établit à Londres avec Rousseau et Monnoyer, pour peindre le palais de lord Montaigu ; Vouët et Largillière portèrent aussi leur talent en Angleterre ; Sébastien Bourdon mit le

sien au service de la reine Christine de Suède ; Thomas Raphaël
Taraval s'attacha aux rois Charles XI et Charles XII ; Etienne de La
Hyre, et plus tard Desportes, travaillèrent sous les yeux du roi de
Pologne ; Jacques d'Agar, de l'Académie de Paris, se réfugia en
Danemark et y peignit des portraits ; Louis Tocqué devint peintre de
la cour de Russie (1757-1758) et y laissa un beau portrait de l'im-
pératrice Elisabeth ; Louis Lagrenée, nommé premier peintre de
la même princesse et directeur de son Académie, soutint avec dis-
tinction, à Saint-Pétersbourg, l'honneur de la peinture de portrait ;
Doyen exerça également en Moscovie le professorat à l'Académie,
sous la protection de Catherine II et de Paul Ier : Antoine Pesne,
Blaise Lesueur et Amédée Vanloo peignirent à Berlin ; Vivien et François de Troy, à Munich ; Louis Silvestre et Charles Hutin, à Dresde ;
René-Antoine Houasse, Ranc et Louis-Michel Vanloo, à Madrid, et
vingt autres encore que nous pourrions nommer. Leur palette, du
moins, allait briller au milieu d'écoles dont le sentiment, en matière
d'art, n'était pas totalement opposé au leur. Mais des peintres européens sont allés jusqu'en Chine et sont tombés au milieu des pré-
jugés invétérés de ces peuples qui se croient infaillibles et immortels
parce qu'ils sont immobiles, et qui, en peinture, n'admettent ni la
perspective ni le modelé.

I. — LES JÉSUITES PEINTRES ET SAVANTS EN CHINE. PREMIÈRES ANNÉES DU XVIIIe SIÈCLE.

Dès l'époque de Louis XIV, sous le règne de *Chin-tsou-gin* ou
Khang-Hi, quatrième empereur de la dynastie des Mandchoux, on
trouve parmi ces héroïques missionnaires qui se servaient des sciences,
des arts et des métiers pour propager l'Evangile, quelques hommes
qui pratiquaient la peinture. Un manuscrit inédit, provenant du
cabinet de l'avocat-général Joly de Fleury, et intitulé : « *Journal du
Voyage de la Chine*, fait dans les années 1701, 1702 et 1703[1] »,
mentionne deux peintres aimés de l'empereur : le frère Belleville,
Français qui faisait des dessins et des miniatures, et Jean Gherardini, peintre italien qui peignait à l'huile et à l'eau. Malheureusement, le manuscrit n'entre dans aucun détail sur le mérite de leurs
ouvrages. Mais une lettre de ce même Gherardini, imprimée en

---

[1] Ce manuscrit fait aujourd'hui partie des Archives générales de l'Empire. Il
est sans nom d'auteur, et paraît avoir été écrit par quelque adversaire des
Jésuites.

1700[1], donne sur sa personne et ses talents quelques notions. C'était un Piémontais que le duc de Nevers, qui avait connu son habileté en Italie, avait fait venir en France à la fin du XVII⁰ siècle. Il avait d'abord été employé à décorer l'église des Jésuites de Nevers, puis la bibliothèque de la maison professe de Paris. L'auteur de l'avertissement qui précède sa relation voit dans ces ouvrages de l'Italien « des monuments éternels de son rare génie pour la peinture et surtout pour la perspective, en quoi il excellait particulièrement. » Dans le temps qu'il achevait de peindre à la bibliothèque de la maison de Paris, le R. P. Bouvet, que l'empereur Khang-Hi avait envoyé en Europe pour chercher de nouveaux missionnaires et des gens habiles dans tous les arts, goûta la beauté de son talent et le détermina à partir avec lui pour la Chine. « Dieu me parla au cœur, dit Gherardini, et quand Dieu parle, il faut obéir. » Dès lors, il renonça sans peine à la renommée qu'il pouvait acquérir en Europe, pour aller dans l'Orient travailler à la gloire de Dieu. Avant de partir, il fut admis à l'honneur de saluer Louis XIV. Enfin, le 1ᵉʳ mars 1698, il s'embarqua sur l'*Amphitrite*, à la Rochelle, avec le P. Bouvet et ses nouveaux compagnons, et arriva, le 2 novembre suivant, à Canton, après une rude navigation de huit mois. L'empereur, impatient de revoir le P. Bouvet, envoya au devant de lui et de ses compagnons, jusques à Canton, les PP. Jésuites Visdelou et Suarès, avec un mandarin tartare.

Si le manuscrit de M. Joly de Fleury est muet sur les travaux d'art du F. Belleville et de Gherardini, en retour, il s'étend fort au long sur les rôles souvent humiliants, toujours pénibles, que les Jésuites s'étaient distribués auprès de Khang-Hi, pour s'insinuer dans ses bonnes grâces, tandis que d'autres convertissaient dans les provinces. Transcrire ici tout ce curieux chapitre serait un hors d'œuvre

---

[1] *Relation du Voyage fait à la Chine, sur le vaisseau* l'Amphitrite, *en l'année 1698, par le sieur Gio. Ghirardini, peintre italien. A monseigneur le duc de Nevers.* Paris, Nicolas Pepie, M. DCC, in-12, VII. pp. 94 pp., La relation est datée de Canton, 26 février 1699 ; le permis d'imprimer est du 20 mars 1700.

Il ne faut pas s'attendre à trouver dans cet opuscule des notions sur les arts. Ce n'est autre chose qu'un journal de voyage et un récit des peurs de Gherardini durant sa navigation de la Rochelle à Canton. Là s'arrête le récit, amusant d'ailleurs et tout farci de citations de poëtes italiens. L'*Amphitrite* était le premier vaisseau français qui eût paru à la Chine.

Gherardini, qui signe son nom comme nous venons de l'écrire, est, dans cette plaquette, appelé tantôt Ghirardini, tantôt Girardini. L'orthographe des noms n'était pas encore fixée. C'était un laïque. L'ordre des Jésuites, à l'exemple des Dominicains, avait plusieurs degrés d'observance. Les *profès*, qui tous étaient prêtres, formaient seuls le premier degré, la grande observance. On les appelait *pères*. La petite observance se composait des *novices*, des *scolastiques* et des *coadjuteurs* ou *convers*. C'étaient les frères. En outre, l'ordre s'associait, dans ses missions, des laïques qui ne faisaient ni vœux ni promesses : tel était Gherardini.

trop considérable ; mais les faits sont nouveaux, et l'on me pardon-
nera peut-être une rapide analyse de ce long passage, avant de
parler des Frères peintres sur lesquels on a de nombreuses informations.

Les Jésuites avaient trois maisons ou églises à Péking. Les PP.
français en occupaient une dans la ville tartare ; les PP. portugais,
deux dans la ville chinoise. Français et Portugais ne communi-
quaient ensemble qu'autant que l'intérêt général de la compagnie
pouvait le requérir, ou qu'ils étaient appelés par l'empereur pour
travailler de concert à quelque ouvrage. Les Italiens étaient généralement réunis aux Portugais ; les Allemands, aux Français. Cependant l'Italien Gherardini, amené par le P. Bouvet, demeurait
dans la maison française avec le F. Belleville, et c'était le supérieur,
le P. Gerbillon, qui lui servait d'interprète auprès de Khang-Hi,
quand il travaillait en présence de ce prince. Sans être aussi fou de
musique que cet empereur du VIIIe siècle, Hiouan-Tsoung, de la
dynastie des Thang, qui négligeait les affaires de l'Etat pour jouer
sur une flûte de jade, Khang-Hi aimait fort la musique. Celle du
Céleste-Empire, lente et plaintive, monotone et sans harmonie,
quelquefois criarde et dure, ne reposait, comme elle le fait encore aujourd'hui, sur aucun principe scientifique, et, à vrai dire,
était seulement du bruit rhythmé, que les Chinois ne savaient
même pas noter [1]. La nôtre avait du moins le mérite d'étonner l'empereur, si elle ne lui agréait que comme nouveauté étrangère. Il
aimait aussi beaucoup la peinture et ménageait les artistes. Presque
tous les jours, il passait quelques instants dans l'atelier des peintres,
et le P. Belleville ayant été malade, il l'emmena avec lui en Tartarie,
pour le faire changer d'air et le distraire. Gherardini n'avait pas
moins ses bonnes grâces. L'empereur, informé un jour que cet artiste
n'était pas bien traité par les Frères français, le fit sortir de leur
maison, l'envoya demeurer chez un mandarin, de ses favoris, et lui
donna pour compagnon et interprète le Frère Bodini, qu'il avait exprès
tiré de la maison portugaise. Là-dessus, les PP. français de prendre
l'alarme. Redoutant surtout que Gherardini n'allât s'établir chez les
Portugais, ils firent mille avances à la brebis égarée et la rame-
nèrent au bercail. L'empereur avait plusieurs raisons pour goûter
Gherardini. Le subtil Italien avait plusieurs cordes fines à son arc :
aussi bon musicien que peintre, il jouait à ravir de la basse de viole
et de la trompette marine.

---

[1] « On nous éveille tous les matins au son désagréable d'un timbre de cuivre et
d'un cornet à bouquin, qui font comme la basse, avec une espèce de fifre, et deux
fluttes du païs, qui servent de dessus, et qui s'accordent comme des chats qui miau-
lent, et des chiens qui aboyent. » (*Voyage de Gherardini*, p. 74-75.)

Le P. Pereira, qui jouait aussi de plusieurs instruments, était le premier maître de musique de l'empereur, et celui de tous les missionnaires qui le voyait le plus souvent. C'est à lui que la Chine est redevable de l'art d'écrire la musique au moyen de certains caractères représentant les tons d'une gamme.

Un P. Pernon était le facteur et l'accordeur des instruments de l'empereur, tels que clavecins, épinettes, tympanons, et il en donnait des leçons à Sa Majesté. Il maniait aussi fort lestement la flûte et le violon. De son côté, le célèbre P. Parennin, procureur de la maison des PP., et qui était habile aux bâtiments, jouait du flageolet et de la flûte, un peu aussi de la trompette marine. Le premier, il avait fait connaître à l'empereur cet instrument, aujourd'hui si répandu à la Chine, au Thibet et dans l'Inde.

L'empereur voulait-il se donner le divertissement d'un concert, soit dans ses appartements, soit dans la cour au milieu des ouvriers, il y faisait appeler les PP. Péreira, Pernon et Parennin avec Gherardini, et le quatuor symphoniste avait l'honneur de divertir Sa Majesté, mais à genoux, vrai supplice que l'étiquette forçait de subir. L'empereur les retint un jour dans cette posture pendant quatre heures, et s'étant aperçu à la fin qu'ils étaient fatigués, il daigna, par compensation, honneur insigne! leur verser de sa main impériale du vin dans une coupe qu'il leur présenta.

Péreira était en même temps le machiniste et l'armurier de l'empereur. Il travaillait aussi à l'horlogerie avec l'assistance d'un frère Brocard.

Le P. Régis faisait des observations astronomiques que le R. P. Grimaldi, président du tribunal des mathématiques, c'est-à-dire chef de l'observatoire, et qui avait été créé mandarin, corrigeait et présentait à l'empereur. Le P. Thomas était aussi pour les mathématiques et l'astronomie, et suppléait au besoin le P. Grimaldi, ce qui eut lieu durant un voyage que ce Père fit en Europe.

Venait ensuite le P. Suarès, qui faisait des lunettes, raccommodait les horloges, montait les pendules de l'empereur, taillait les pierreries.

Un Allemand, le P. Kilian Stromp, en même temps habile tourneur, était, dans la maison française, le chef et conducteur d'un grand établissement de verrerie, où il confectionnait de beaux ouvrages à l'usage de l'empereur, de ses femmes et de ses enfants. Sa Majesté fut si satisfaite de son zèle qu'un jour elle le gratifia d'un vieux *ouaïthao*, ou veste de dessus, qu'elle avait portée longtemps, et lui versa à boire dans sa propre coupe impériale.

Le frère Frapperie était le chirurgien empirique du palais.

Un frère Rhodès était l'apothicaire du corps, fonction qui lui donnait le privilége de suivre l'empereur dans ses voyages.

L'ami de Gherardini, le P. Bodin ou Bodini, était l'apothicaire du commun et le confiturier-bouche.

Hormis le P. Bouvet[1] et le P. Visdelou, qui avaient enseigné les mathématiques au prince héritier, aucun des religieux n'était appelé à donner des leçons aux fils de l'empereur. Khang-Hi s'était réservé de les instruire lui-même et de leur faire faire en sa présence tous leurs exercices. Mais, par ordre de l'empereur, tous les missionnaires formaient des élèves et apprentis, chacun selon son talent. C'étaient d'ordinaire de jeunes eunuques du palais. Le P. Chareton leur enseignait l'algèbre ; Belleville et Gherardini, la peinture.

Outre quatre cents livres que chacun des Jésuites, peintre ou savant, avait du roi de France, il leur était assigné par l'empereur cent vingt taëls, c'est-à-dire neuf cents francs par personne, qu'ils « touchaient au magasin du palais en riz, en viande de cochon, en bois, en charbon de terre. » Le surplus, qu'ils ne prenaient pas en nature, leur était payé comptant par les fournisseurs.

Pour eux comme pour leurs ouvriers nul jour de fête, pas même le jour de Pâques. Le Frère peintre Belleville s'en fâcha, refusa de travailler les jours fériés, et témoigna plusieurs fois aux Pères qu'il voulait retourner en Europe, ce que ceux-ci n'eurent garde de lui accorder, parce que l'empereur prenait beaucoup de plaisir à ses ouvrages.

Jamais aucun des Pères ne paraissait devant l'empereur sans être appelé, à moins d'avoir quelque requête extraordinaire à présenter, auquel cas il fallait s'adresser à l'un des quatre mandarins nommés par l'empereur pour servir d'intermédiaires aux Européens. Un missionnaire avait-il reçu quelque gratification du monarque, il allait, sans être appelé, dans le lieu où travaillaient les ouvriers, c'est-à-dire dans la cour, demandait audience et la permission de battre neuf fois de la tête devant le trône, en signe d'action de grâces ; après quoi il se prosternait au milieu de cette cour, devant une grande porte faisant face au trône impérial.

Tous en général étaient censés domestiques de l'empereur, payés sur ce pied, et aucun n'aurait osé prendre d'autre titre, à l'excep-

---

[1] Le P. Bouvet, qui était venu en Europe en qualité d'envoyé de l'empereur de la Chine, et qui fut traité comme tel quand il retourna de Canton à Péking avec Gherardini, était le curé de l'église des Pères français, et c'était lui qui leur administrait les sacrements. Il a écrit un *Portrait historique de l'empereur Khien-Loung*, publié en 1697, pendant son voyage à Paris.

tion du mandarin, le R. P. Grimaldi [1]. Pour arriver à leurs fins sacrées, il leur fallait beaucoup ménager les eunuques qui approchaient la personne de l'empereur. C'était, disait-on, par le crédit de ces gens-là que les Pères qui, de la cour, se répandaient dans les provinces de l'empire, obtenaient leurs brevets de Ta-Jen [2].

II. — LES PEINTRES EUROPÉENS SOUS KHIEN-LOUNG. 1736-1777.

Un peu plus tard, on trouve à la Chine les Jésuites Joseph Castiglione, peintre pour la mission portugaise, et Jean-Denis Attiret, peintre pour la mission française. Le premier était Italien de naissance, le second avait vu le jour à Dôle, en Franche-Comté, le 31 juillet 1702. Castiglione, homme de beaucoup de talent, au témoignage d'Attiret, avait étudié la peinture dans sa terre natale. Formé à la manière large et vigoureuse des maîtres, il eût pu briller en Europe : une vocation religieuse le fit entrer aux Jésuites en qualité de Frère coadjuteur, et c'est d'Italie que la Compagnie l'avait envoyé missionnaire en Chine. Pour Attiret, après avoir reçu de son père, peintre médiocre, les premiers éléments, il alla se perfectionner dans cette terre où les arts fleurissent avec les citronniers. À son retour de Rome, il peignit à Lyon quelques bons portraits, notamment celui du cardinal d'Auvergne, archevêque de Vienne, et celui de M. Perrichon, prévôt des marchands. Il avait trente ans quand une amertume salutaire qu'il sentit au milieu du monde, l'ayant averti de se donner à Dieu, il entra chez les Jésuites avec l'humble habit de Frère convers, sans pour cela déposer les pinceaux. Durant son noviciat, il peignit les quatre pendentifs du dôme de l'église des Jésuites d'Avignon ; et comme la mission française de Péking avait demandé un peintre, il s'offrit et partit pour la Chine, vers la fin de 1737, sous le règne de Khien-Loung, monté

[1] Le manuscrit des Archives impériales dit qu'ils étaient si bien exclusivement les hommes de l'empereur que les Pères et les Frères servant à l'apothicairerie n'auraient osé donner des médicaments aux princes ou aux *colaos* malades, sans une permission expresse de Sa Majesté. Il s'en fallait beaucoup, ajoute le manuscrit, que les missionnaires eussent autant de pouvoir qu'on l'a publié en France ; ils étaient obligés de faire les mêmes démarches, les mêmes soumissions, pour obtenir la moindre chose que le dernier domestique du palais ou le plus vil bourgeois ou artisan de Péking. Les tribunaux leur étaient opposés, et on ne les souffrait qu'à raison de leur qualité d'artisans et domestiques de l'empereur. Il y avait cependant quelques *colaos* et autres grands mandarins de la cour qui les favorisaient, soit par estime, soit à cause des présents qu'ils en recevaient.

[2] Littéralement *grand homme*. C'est le mot qu'on applique à toutes les personnes à qui nous donnons le titre d'*Excellence*.

sur le trône en 1736. A son arrivée, il trouva Castiglione établi à
Péking vers la fin du règne précédent. Il se lia avec lui d'une étroite
amitié, et tous deux devinrent les peintres favoris de l'empereur.

Déjà Castiglione avait peint les portraits de Khien-Loung et des
impératrices, quand le peintre français vint le rejoindre. Le premier
avait embelli le collége des églises chrétiennes à Péking de deux
grands tableaux, représentant, l'un Constantin sur le point de
vaincre, l'autre Constantin vainqueur et triomphant. Il avait peint
aussi, sur les côtés de la salle, deux perspectives qui faisaient illu-
sion [1]. A son tour, Attiret peignit le frère de l'empereur, sa femme,
quelques autres princes et princesses du sang, et plusieurs des favoris et seigneurs. Il fit plus tard un portrait en grand de l'empereur,
représenta en plafond, dans le palais impérial, le temple de la
Gloire civile, puis exécuta quatre grands tableaux des saisons, et
une grande peinture représentant une dame à sa toilette : toutes
œuvres que le P. Amiot, qui les avait vues, célèbre comme magnifiques [2]. Pendant les jours de repos que lui laissait son emploi auprès de l'empereur, il allait travailler chez les grands, chez les
ministres, et il enrichit de tableaux religieux, pleins d'onction et de
sévérité, les églises et les maisons chrétiennes. On cite particulièrement un beau tableau de l'*Ange gardien* dont il orna la chapelle
des Néophytes, dans l'église de la maison française. Enfin, il peignit plus de deux cents portraits de personnes de différents âges et
de différentes nations. En résumé, deux grands ateliers particuliers
se formèrent où vinrent quelques élèves, et qui eurent pour maîtres
les deux Jésuites, mais où il ne fut guère permis aux maîtres de produire dans le goût européen.

On a du Jésuite Attiret une lettre insérée aux *Lettres édifiantes* [3],
et dans laquelle il raconte qu'il lui fallut oublier pour ainsi dire tout
ce qu'il avait appris, et se faire une nouvelle manière, pour se
conformer au goût de la nation. Tout ce que les peintres exécutaient
était personnellement ordonné par l'empereur, qui se faisait montrer d'abord les esquisses, et les changeait lui-même ou les faisait
modifier à sa fantaisie, sans tenir compte de la régularité du dessin.

---

[1] *Mémoires concernant l'histoire, les sciences, les arts, les mœurs, les usages
des Chinois, par les missionnaires de Péking*, in-4º, t. VIII, p. 286.

[2] *Journal des Savants*. Juin 1771. *Extrait d'une lettre du P. Amiot, du 1er
mars 1769, de Péking, contenant l'éloge du frère Attiret, et le précis de l'état de
la peinture chez les Chinois*.

[3] *Lettre du frère Attiret, de la compagnie de Jésus, peintre au service de l'empereur de la Chine, à M. d'Assaut*. Péking, le 1er novembre 1743.

C'est la seule lettre qu'on possède en entier d'Attiret. Elle est la première du
XXVIIe volume des *Lettres édifiantes*, première édition de 1749. Le P. Amiot
donna aussi au *Journal des Savants* quelques lettres d'Attiret, mais seulement
par extraits fort courts.

Il en fallait passer par là, et ne souffler mot, car le goût du Fils du Ciel était sacré : «Ici, dit Attiret, l'empereur sait tout, ou du moins la flatterie le lui dit fort haut, et peut-être le croit-il ; toujours agit-il comme s'il en était persuadé[1]. » Sitôt après son arrivée à Péking, Attiret avait exécuté pour l'empereur une peinture à l'huile, représentant l'*Adoration des Mages*. Khien-Loung en avait été si charmé qu'il l'avait fait placer dans ses petits appartements. Mais c'est par ce tableau même que les tribulations du pauvre peintre avaient commencé. L'empereur l'avait harcelé d'observations, et lui avait imposé tant de changements qu'Attiret ne se reconnaissait plus dans son œuvre. Khien-Loung n'admettait pas les modifications de couleur, les dégradations d'exécution pittoresque commandées par les distances, et, suivant lui, «les imperfections de l'œil n'étaient pas une raison pour que les objets de la nature fussent représentés comme imparfaits[2]. » En outre, il reprochait à l'huile son luisant et son vernis, et pour peu que les ombres fussent vigoureuses, il y voyait autant de taches.

« La détrempe, disait-il, pendant qu'Attiret travaillait à la peinture de son *Adoration*, est plus gracieuse, et elle frappe agréablement la vue, par quelque côté qu'on la regarde. Ainsi, il faut qu'après que ce tableau sera fini, le nouveau peintre peigne de la même manière que tous les autres. Pour ce qui est des portraits, il pourra les faire à l'huile. Qu'on obéisse[3]. »

Cette répugnance du goût chinois pour les procédés européens avait plus d'une fois aussi arrêté l'essor du peintre Gherardini dont nous parlions plus haut. L'humeur qu'il en avait gardée lui avait fait pousser trop loin son mépris pour l'art de la Chine, et répéter plus d'une fois, après y avoir séjourné, ce qu'il avait dit en arrivant pour la première fois à Canton : « Vive l'Italie pour les Beaux-Arts! les Chinois se connoissent en Architecture et en Peinture, comme moi en Grec et en Hébreu. Ils sont pourtant charmez d'un beau dessein,

---

[1] *Lettre d'Attiret*, p. 48

[2] *John Barrow, Travels in China, containing descriptions and observations made in the course of a short residence at the imperial palace of Yuen-ming-Yuen, and on a subsequent journey through the country, from Peking to Canton.* London, Cadell, 1804, gr. in 4º, ch. VIII.

John Barrow était attaché à l'ambassade de lord Macartney à la Chine, en qualité d'astronome et de médecin. Il devint depuis secrétaire particulier de cet ambassadeur au Cap-de-Bonne-Espérance. Son livre fait autorité

Le palais d'*Yuen-ming-Yuen* n'est point le palais de Péking, mais une résidence de campagne de l'empereur, à quelques lieues de la capitale Il renferme d'immenses bâtiments. Il y en a à l'Européenne, qui ont été bâtis sur les dessins et sous la direction d'un missionnaire français, le P. Benoît. On trouve la description fort bien faite du palais dans la lettre citée d'Attiret.

[3] *Lettre du P. Amiot*, déjà citée.

d'un païsage bien vif et bien ménagé, d'une perspective naturelle ; mais pour sçavoir comment on s'y prend, ce n'est pas là leur affaire ; ils entendent mieux comment on pèse l'argent, et comment on prépare le ris [1]. »

Un jour qu'il avait terminé une grande décoration de colonnades qui paraissait s'enfoncer dans la perspective, les Chinois, stupéfiés à première vue, crurent de sa part à quelque fait de magie diabolique. A peine, s'approchant de la toile, se furent-ils assurés par le toucher que c'était un trompe-l'œil sur une surface plane, qu'ils se récrièrent : il n'y avait rien, disaient-ils, de plus contraire à la nature que de représenter des distances là où il n'y en avait point, où il ne pouvait y en avoir [2] !

Le frère Castiglione, depuis longtemps assoupli à la mode chinoise, encourageait son confrère Attiret à s'oublier lui-même, et le contenait dans ses révoltes contre les importunités jalouses et les vexations des peintres du pays. Bientôt ces deux hommes, habitués à peindre largement l'histoire et le portrait, et qui, malgré leur résignation, ne pouvaient se dépouiller complètement de leur éducation première, ne furent plus occupés, les trois quarts du temps, qu'à peindre patiemment à l'huile sur des glaces [3], ou à l'eau sur la soie, — en écrans, en tentures, en paravents, en stores, en éventails, — des arbres, des fruits, des animaux de toute espèce, rarement des figures. Encore fallut-il que la représentation de la nature vivante ou morte eût toute la minutie précieuse des peintures d'histoire naturelle qui comptent les poils des animaux, les écailles des poissons, les nervures des feuilles et des fleurs. De même que Castiglione, Attiret se plia à tous les caprices de la mode, et d'artiste qu'il était se fit simplement un homme habile dans l'imitation servile. Ses ombres atténuées n'offrirent plus que des teintes légères ; et la correction, le modelé, la perspective disparurent en partie avec la liberté de l'artiste. En revanche, il devint forcément fidèle à la vérité pédantesque du costume, qui, pour quelques peintres et artistes dramatiques de notre Europe, comme pour les peintres de la Chine, est le comble de l'art. La science du cérémonial et de l'étiquette, l'étude de mille détails de mœurs, de mille petits riens qui composent l'accoutrement des personnes de tout

[1] *Voyage à la Chine*, par Gherardini, p. 78-79.

[2] Cette anecdote n'est point dans la relation de Gherardini, qui a écrit de Canton à M. de Nevers, et n'avait pas encore vu Péking ; elle est rapportée au chap. VIII du *Voyage de Barrow*.

[3] On ne peut pas regarder cette peinture à froid sur verre comme une peinture essentiellement chinoise. C'est une importation européenne ; ce qui nous vient en ce genre sous timbre chinois n'est qu'une imitation d'un genre aujourd'hui négligé chez nous.

rang furent obligatoires. Ainsi, le costume des femmes, la longueur de leurs ongles, la coloration de leurs doigts diffèrent suivant les conditions. On reconnaît sur-le-champ au costume, même rien qu'à la main, une grande dame d'une dame ordinaire, une dame d'une femme du commun. Il fallut savoir toute cette espèce de blason consacré, car la peinture la plus charmante eût été impitoyablement répudiée par l'empereur, si elle n'eût rigoureusement donné à chacun ses attributs, si elle se fût méprise sur le teint de tel personnage, si elle eût mal à propos coloré ou non coloré, allongé, raccourci les ongles; si elle eût omis dans la représentation de telle femme l'étui qui les préserve. Nulle place pour l'expression des passions dans la peinture chinoise : toute femme comme il faut a une couche de blanc sur la figure, une couche de carmin sur les lèvres, et il n'est plus permis à l'incarnat de la vie d'exprimer au dehors les mouvements intérieurs. Sous la dynastie précédente, la consommation de la seule céruse et du cinabre, par les filles employées dans les palais, avait coûté jusqu'à dix millions [1]. En vain avait-on essayé de la diminuer : la fureur de la mode avait été plus forte que les lois somptuaires. Voilà ce que nos peintres européens ignoraient et ce que les Chinois leur apprirent, avec une foule d'autres minuties anti-pittoresques, qui seules pouvaient assurer le succès du pinceau. Attiret en vint d'ailleurs à se voir tellement vaincu de besogne que n'y pouvant suffire malgré tout son courage, il se borna à composer les sujets et à peindre de sa main les carnations. Il distribuait le reste du travail aux peintres chinois dont il dirigeait le talent; puis il revoyait le tout, ranimant leurs petites œuvres de ces touches qui donnent la vie, comme brille le ver luisant caché dans l'herbe morte de l'automne.

L'empereur Khien-Loung eut « toujours des bontés distinguées pour Castiglione et pour Attiret. Il venait les voir peindre tous les jours, et souvent plus d'une fois; s'entretenait avec eux très familièrement, avait toujours quelque chose de gracieux à leur dire, leur envoyait fréquemment des plats de sa table, et en faisait grand cas, plus encore à cause de leur modestie et de leur rare vertu, qu'à cause de leur talent et de leur attention continuelle à se plier à ses

[1] Ce fait résulte des propres instructions de l'empereur Khang-Hi à ses fils, consignées aux *Mémoires touchant les Chinois*, t. IX, p. 226.

L'usage du fard est si accrédité à la Chine qu'on y accoutume même des enfants de trois ou quatre ans. Le blanc, en particulier, est si éblouissant qu'on peut distinguer de cent pas la figure qui en est couverte. Voyez *Voyage de l'ambassade de la Compagnie des Indes Orientales hollandaises, vers l'empereur de la Chine, en 1794 et 1795, tiré du journal d'André Evérard van Braam-Houckgeest, chef de la direction de cette Compagnie, et second dans l'ambassade,* publié *par Moreau de Saint-Méry.* Paris, au V, (1797), t. II, p. 105.

goûts et à ses désirs [1]. » Mais cette grâce impériale, ils la payaient cher. On leur donnait, pour atelier, au palais, une espèce de salle isolée, au rez-de-chaussée, entre cour et jardin, exposée à toutes les incommodités des saisons, comme tous les appartements chinois, où les recherches du confortable européen sont inconnues. Dévorés de chaleur dans l'été, ils souffraient, dans l'hiver, du froid le plus piquant, n'ayant d'autre feu qu'un petit réchaud sur lequel ils mettaient leurs godets pour empêcher la glû et les couleurs de geler. Il est vrai que, dans ses visites d'été, l'empereur, devant qui l'on ne devait rien faire qu'à genoux, leur permettait, par grâce singulière, de s'asseoir, et les invitait à ôter leur bonnet quand il faisait trop chaud [3]. Mais la présence du prince, comptée par un Chinois pour la suprême récompense et la souveraine félicité, était à peu près toute la paie que le P. Attiret recevait de ses travaux, si l'on en excepte quelques petits présents en soie ou autre chose de peu de prix, et qui encore venaient rarement [4]. « Aussi, ajoutait-il, n'est-ce pas ce qui m'a amené à la Chine, ni ce qui m'y retient. Etre à la chaîne d'un soleil à l'autre ; avoir à peine les dimanches et les fêtes pour prier Dieu ; ne peindre presque rien de son goût et de son génie ; avoir mille autres embarras qu'il serait trop long d'expliquer ; tout cela me ferait bien vite reprendre le chemin de l'Europe, si je ne croyais mon pinceau utile pour le bien de la religion, et pour rendre l'empereur favorable aux missionnaires qui la prêchent, et si je ne voyais le Paradis au bout de mes peines et de mes travaux. C'est là l'unique attrait qui me retient ici, aussi bien que tous les autres Européens, qui sont au service de l'empereur [5]. » Les arts, sauvés jadis par le luxe des temples ; les lettres, sauvées par l'érudition des cloîtres, essayaient sur ce coin de terre de rendre à la religion ce qu'ils en avaient reçu.

Ce zèle sacré eut malheureusement l'occasion de s'exercer sous l'empereur alors régnant. Tandis que son aïeul, le célèbre Khang-Hi, avait souffert les prédications publiques de l'Evangile dans toute l'étendue de l'empire, et que les missionnaires de tout ordre et de tout pays, parcourant les provinces, avaient fait librement des conversions, tandis qu'il avait poussé la bienveillance jusqu'à composer lui-même une inscription pour la maison centrale des missions, Young-Tching, fils et successeur de Khang-Hi, chassa des provinces tous les missionnaires, confisqua leurs églises et ne souffrit plus

---

[1] *Mémoires concernant les Chinois, etc.*, t. II, p. 434.
[2] Les Chinois se servent de glu au lieu de gomme.
[3] *Lettre d'Amiot.*
[4] *Lettre du frère Attiret*, p. 45.
[5] *Idem, ibid.*

d'Européens que dans la capitale et à Canton, comme gens utiles à l'Etat pour les mathématiques, les sciences et les arts. Khien-Loung, fils de Young-Tching, maintint les choses sur le même pied. On pensera tout ce qu'on voudra des disciples de saint Ignace, perdus dans l'ordre politique par l'absolutisme théocratique et les doctrines fanatiques de quelques-uns d'entre eux ; dans l'ordre moral, par leur dévotion aisée et leurs restrictions mentales. On renouvellera, sans les épuiser, de longs débats sur la légitimité de leur but et de leurs moyens, mais on sera d'accord sur la grandeur de leur œuvre qui, au vieux monde comme au nouveau, a fait de la Compagnie de Jésus le premier corps de l'Eglise, et lui a assigné une place si haute dans l'Etat et dans l'enseignement. Qui pourrait se défendre d'un frisson d'épouvante et retenir un cri d'admiration en suivant les malheureux missionnaires (les Jésuites n'étaient pas, il est vrai, le seul ordre qui en fournît), dans les héroïques sacrifices qu'ils s'imposaient pour la foi, et qui se terminaient toujours par des humiliations, souvent par des persécutions, quelquefois par le martyre ? Khien-Loung laissa mettre à mort cinq missionnaires espagnols de l'ordre de Saint-Dominique et l'un de leurs catéchistes, qui avaient été saisis dans le Fo-Kien, contrevenant à la loi en prêchant l'Evangile dans cette province. Parmi les victimes était un saint évêque de Mauricastre. En vain, malgré la défense expresse de parler d'affaires à l'empereur, sans être interrogé par lui, Castiglione profita courageusement d'une visite que lui faisait ce prince, dans son atelier, pour se jeter à ses pieds et implorer la grâce des condamnés ; à cette demande, l'empereur avait changé de couleur sans rien répondre. Le Frère, pensant n'avoir point été entendu, avait répété de nouveau ce qu'il venait de dire, et Khien-Loung lui avait imposé silence. En vain, une autre fois encore, le vénérable Castiglione plaça quelques paroles en faveur de la religion désolée, le prince se borna à lui répondre sèchement : « Hoa-pa ! » Peins donc [1] !

Le Jésuite ne fut pas pour cela disgracié, et Khien-Loung continua de l'approcher de sa personne. C'était l'usage que tout Européen reçût un nom chinois ; au nom de Castiglione avait été substitué celui de *Lang-Che-Ning*, c'est-à-dire *Lang vie tranquille* [2], et

---

[1] *Hoa* peins. *Pa* est une interjection qui équivaut à un juron d'impatience : *peins et tais-toi.*

Voyez *Relation d'une persécution contre la Religion chrétienne à la Chine*, en 1746, t. XXVII des *Lettres édifiantes*, p. 384-389. Cf. *Histoire générale de la Chine*, traduite du *Tong-Kien-Kang-Mou*, par le P. de Mailla, t. XI, p. 525.

[2] *Lang* est un nom propre purement chinois qu'on ne peut pas plus traduire que les noms propres européens. C'est probablement le nom chinois que s'était donné Castiglione, à l'exemple de ses confrères. *Che-ning* signifie *celui dont la vie est tranquille, qui est calme dans le monde.*

dans ses moments de gaieté, l'empereur s'amusait à plaisanter la quiétude du bon religieux. On trouve dans[1] la *Vraie chronique du règne de l'empereur Chuen* (nom posthume de l'empereur Khien-Loung[2]), qu'un jour Lang-Che-Ning fut mandé par l'empereur au moment où ce prince était entouré de tout son gynécée, composé d'une cinquantaine de femmes. Les femmes étaient belles et le diable est fin; mais le discret Castiglione détournait la tête, et Khien-Loung fit de vains efforts pour attirer ses regards vers le séduisant spectacle. Le lendemain, l'empereur assemble ses huit premières favorites et mande encore le peintre : « Voyons, Che-Ning, lui dit-il, laquelle trouves-tu la plus belle ? — Les femmes du Fils du ciel sont toutes également belles, répondit l'autre sans détourner la tête. — Regarde, regarde; tu me feras le portrait de celle que tu aimeras le mieux. — Qui oserait choisir après le choix de l'empereur? — Eh quoi! s'écria Khien-Loung, qui n'en pouvait tirer rien de plus, parmi celles d'hier en aurais-tu trouvé qui fussent mieux à ton goût? — Je ne les ai point regardées. — Que faisais-tu donc quand tu clignais de l'œil de côté? — Je comptais les carreaux en porcelaine du palais de Sa Majesté. — Alors, combien y en a-t-il? — Tant. Là-dessus, l'empereur fait compter les carreaux par des eunuques. Le jésuite avait dit juste. Les femmes, relevant le pan de leurs robes de brocart et se balançant comme des fleurs de lotus sur leurs petits pieds brisés, se retirèrent en riant.

Cependant, de longues années après cette aventure, en 1768, le bonhomme Castiglione était arrivé à sa soixante-dixième année, ne travaillant plus que d'une main tremblante, mais travaillant toujours. Khien-Loung voulut, à cette occasion, l'honorer avec éclat. Il lui fit porter en cortége des présents par des mandarins, à travers un concours immense de population et au bruit des fanfares. Les *Ago*, ou fils de l'empereur, les grands, les lettrés comblèrent le religieux de félicitations; et ce qui, aux yeux des missionnaires, surtout des Chinois, rehaussa encore cette solennité, c'est que l'empereur avait joint aux présents quatre caractères tracés de sa main, qui contenaient l'éloge du P. Castiglione. Cette fête fut renouvelée, avec non moins de solennité, le 21 septembre 1777, en l'honneur d'un missionnaire allemand, nommé Ignace Sickelbarth, que l'empereur occupait aussi à peindré, et qui, le jour même, devenait septuagénaire[3]. Ce respect pour l'âge est un des traits caractéristi-

---

[1] *Kao-tsou-Chuen-Houang-ti-che-lou.*

[2] Tout souverain, tout grand personnage de la Chine, reçoit, après sa mort, un nom d'apothéose, surnom qui, le plus souvent, est l'expression résumée des qualités qui l'ont distingué de son vivant. *Chuen* signifie *pur, sincère.*

Mémoires, etc., concernant les Chinois. Extrait d'une Lettre de Péking, du 20 août 1777, t. VIII, p. 283.

ques du caractère de Khien-Loung, qui adressait de temps à autre, de sa main, quelques mots de félicitations aux plus âgés de son empire, et consacrait des monuments aux prodiges de longévité. La brièveté de la vie a été dans tous les temps, comme chez tous les peuples dont la religion chrétienne n'a pas épuré les croyances, une des plus poignantes préoccupations humaines. Le Chinois, surtout, amoureux de la vie sensuelle, n'a pas de meilleur vœu que celui de la longévité pour lui-même comme pour ses amis. Souvent à ceux qui lui sont le plus chers il offre en adieu une grande pancarte, où il a écrit ce caractère unique

壽

Cheou, qui veut dire *longévité;* et l'on rencontre dans le Céleste Empire des bronzes, des jades, des laques antiques ou modernes, des porcelaines du service de l'empereur, qui sont tout couverts, en façon d'ornement, d'un semis de ce mot sous toute forme et en toute écriture. Il y a un beau vase céladon, ainsi orné, au musée de Sèvres.

Le vœu du *Cheou* s'accomplit pour Khien-Loung lui-même : il vécut quatre-vingt-neuf ans, et, comme son aïeul Khang-Hi, en régna soixante [1].

Quant au septuagénaire Castiglione, il survécut peu de mois à l'honneur que lui avait fait le prince [2]; mais celui-ci ne perdit pas son souvenir. On trouve dans le grand ouvrage officiel [3] des fêtes anniversaires de ce monarque (vol. Ier, fol. 18), que, passant un jour, en 1783, à l'âge de soixante-douze ans, devant son portrait jeune, par Castiglione, il écrivit ces vers :

寫眞世寧擅
繢我少年時
八室偶然者
不知此是誰

---

[1] En 1796, après avoir régné soixante ans, il céda le trône à Kia-King, son dix-septième fils, et mourut en 1799.

[2] Castiglione est mort à la Chine dans le courant de 1768. Voyez *Mémoires concernant les Chinois,* t. VIII, p. 283, et *Histoire générale de la Chine,* t. XI, p. 515.

[3] Par Siuen *Wan cheou Ching Tien.* Voir plus loin, p. 30.

> Sié tchèn Che Ning chèn
> Kouéï ngo chao nièn che
> Jou che pan jèn tchè
> Pou tche tse che chouéï.

Ce qui veut dire :

Che-Ning excelle dans l'art de peindre au vrai la nature :
Il a fait mon portrait dans mes plus jeunes années;
Quand j'entre aujourd'hui dans la salle avec mes cheveux blancs,
Je ne sais plus quel personnage ce portrait représente[1].

Attiret, qui mourut à Péking, le 8 décembre 1768, quelques mois après Castiglione, n'atteignit que sa soixante-sixième année. Je ne sache pas qu'il ait, comme son ami, exercé la verve poétique de Khien-Loung; mais, dans tous les temps, il avait continué d'être traité par l'empereur aussi bien qu'un étranger pouvait l'être d'un prince qui se croit le seul souverain au monde et qui est élevé à n'être sensible à rien[2]. Quand l'orgueil est arrivé à cette puissance, il tourne à la bienveillance : Khien-Loung alla jusqu'à créer Attiret mandarin. Un jour (c'était le 29 juillet 1754), le missionnaire entrait à la cour comme à l'ordinaire pour se rendre à son atelier, quand un des grands alla au devant de lui et lui annonça cette faveur. Le modeste religieux ne put se soumettre à une telle élévation, incompatible, à ses yeux, avec la position modeste qu'il occupait dans son ordre; et, comme on insistait pour qu'il acceptât au moins le traitement du mandarinat, il s'obstina dans son refus, et c'est à grand'peine qu'il réussit à le faire agréer à l'empereur sans s'aliéner sa bienveillance. Quand le pauvre peintre, à bout de forces et consumé de travaux, passa dans un monde meilleur, l'empereur voulut aider aux frais de ses obsèques, et fit compter pour cette destination deux cents taëls, quinze cents livres d'alors, environ dix-huit cents francs de nos jours. De son côté, le frère de l'empereur envoya son fils aîné pour s'informer du jour de la cérémonie, et, ce jour venu, il chargea l'un de ses principaux eunuques d'aller pleurer sur le cercueil, comme ces pleureuses exercées que les anciens Romains louaient pour assister aux funérailles et dont l'usage s'est conservé jusqu'à nous.

---

[1] Je dois ce texte et la traduction à M. Callery, qui a fait un long séjour dans l'empire du Milieu, et qui aujourd'hui est premier secrétaire-interprète de la cour de France pour les langues de la Chine. C'est également lui qui m'a fourni la plupart des informations pratiques renfermées dans ce chapitre.

[2] *Lettre d'Attiret.*

Les années les plus laborieuses de cet héroïque missionnaire avaient été de 1753 à 1760, époque brillante du règne de Kien-Loung. C'est alors que, pour ainsi dire, chaque mois était marqué par la soumission, conquise ou volontaire, de quelque province rebelle, et que, de succès en succès, les limites de la domination tartaro-chinoise furent portées jusqu'aux extrémités de la Boukharie et aux confins de l'Hindoustan. L'empereur avait voulu que la mémoire de ces événements fût perpétuée par la peinture. Tous les missionnaires artistes avaient donc été employés à ce grand travail : Castiglione et Attiret d'abord, puis le Romain Jean-Jacques Damascenus, Augustin réformé[1], et Ignace Sickelbarth, jésuite, qui avaient été rejoindre les deux premiers à la Chine. Afin de donner plus d'exactitude aux figures et aux costumes, l'empereur faisait venir des deux bouts de l'empire, aussi vaste que l'Europe entière, vainqueurs et vaincus, même les prisonniers voués à la corde ou au glaive du bourreau. Satisfaisant d'abord à sa politique en les interrogeant, il ordonnait ensuite de tirer leur portrait et les renvoyait le plus souvent dans la même journée. Tout cela s'exécutait d'ordinaire avec une telle précipitation que les peintres avaient à peine une ou deux heures pour jeter sur la toile un portrait en pied dont l'exécution eût demandé deux ou trois jours, et que chacun d'eux avait pour sa part quatre ou cinq portraits à expédier d'un soleil à l'autre. Tous ces portraits, ainsi faits à la course, se mettaient en magasin pour en être tirés quand viendrait le moment de les faire entrer dans des tableaux[2]. Quelle place de pareils procédés pouvaient-ils laisser à l'art véritable? aucune. La convention se glissait forcément sur la palette, et les individualités disparaissaient dans l'à-peu-près d'un poncif général.

De tous ces travaux, il résulta seize grandes aquarelles dont les missionnaires exécutèrent des copies. Par décret du 13 juillet 1765, Khien-Loung ordonna d'envoyer ces dessins en France pour être gravés au burin par les plus célèbres artistes; car les Chinois, qui ont été en avance pour tant de choses, ne pratiquent pas ce genre de gravure. Ce fut le P. Castiglione qui fut chargé de l'exécution du décret[3]. Il écrivit à Paris une lettre à l'adresse du directeur des arts, et y joignit les quatre premiers dessins. Le tout arriva le

---

[1] Il signe ses dessins : *P.-J. Johannes Damascenus*, à *SS^{ma} Conceptione, Romanus Augustinus excalceatus et missionarius apostolicus sacræ Congregationis de propaganda fide*. Ces noms de *Johannes Damascenus* sont des noms de religion : je n'ai pu découvrir le nom de famille de cet Augustin Déchaussé.

[2] *Lettre d'Amiot au Journal des Savants.*

[3] Sur les estampes exécutées d'après lui, Castiglione est appelé *Joseph Castilhoni*.

31 décembre 1766, et alla droit au marquis de Marigny, directeur
général des bâtiments et directeur de l'Académie royale de peinture. Les autres dessins vinrent l'année suivante. Il paraît que cet
envoi fit alors quelque sensation, car Bachaumont en parle dans ses
Mémoires secrets [1], et déjà le bruit en avait été répandu par ces
nouvelles à la main qui se jetaient sous les portes et semaient le
vrai comme le faux. M. de Marigny commit la direction générale
des gravures à Cochin le fils, secrétaire historiographe de l'Académie, avec lequel il avait fait un voyage d'Italie. Celui-ci retoucha
les dessins, et fit exécuter seize estampes par huit graveurs : Le
Bas, Jacques Aliamet, Nicolas Delaunay, Née, Prévost, Choffard,
Louis-Joseph Masquelier et Augustin de Saint-Aubin. L'exécution
en est bonne; mais ces planches traduisaient trop fidèlement les
dessins chinois pour être bien séduisantes à nos yeux européens. Le
concours de pareils talents eût été plus heureux dans d'autres conditions. Les estampes ne furent entièrement terminées qu'en 1774,
et les cuivres furent envoyés à Péking avec un tirage de cent exemplaires. On n'en réserva qu'un petit nombre pour la famille royale
et la bibliothèque du roi, ce qui a rendu cette suite d'une grande
rareté. L'édition originale est du plus grand *in-folio*; on en a une
réduction. L'une des planches les plus intéressantes est la dernière,
gravée par Delaunay; elle représente une fête triomphale de Khien-
Loung, et donne le portrait de ce prince.

Quant aux peintures originales, ainsi que les autres tableaux des
missionnaires, il est fort à craindre qu'elles aient été pour la plupart détruites par le climat dévorant de la Chine, où la combinaison
de la chaleur et de l'humidité excessives fait avec les insectes une
guerre terrible à tout ce qui est bois, papier ou tissu. Les livres
même les plus usuels sont, d'un jour à l'autre, mangés par les termites. Cependant, lors de la première ambassade du lord Macartney,
de 1792 à 1794, il existait encore, au palais impérial de Yuen-

[1] T. III, p. 304.
Dans son article de la *Biographie universelle* sur Kang-Hi, M. Abel Rémusat
fait remonter l'envoi de ces dessins au règne de ce prince, qu'il dit avoir été
lié avec Louis XIV : « C'est, dit-il, à cette liaison de deux princes dignes d'être
amis, qu'on doit ces gravures, qui furent faites en France sur des dessins venus de
la Chine, et renvoyés ensuite à l'empereur : elles représentent les batailles de Khang-
Hi contre Galdan. On y voit les Olet mis en fuite et poursuivis par les troupes
impériales, et l'on remarque qu'au nombre des morts ou des blessés il n'y a pas un
seul Chinois. » Voilà des détails incroyables sous une pareille plume. Louis XIV
était mort depuis cinquante ans quand les dessins furent envoyés en France. Il
faut reconnaître ensuite que ce prince n'a entretenu aucune correspondance d'amitié
avec Khang-Hi; si cet empereur eût reçu du roi des communications officielles, il
n'eût pas manqué, suivant le préjugé de l'orgueil chinois, de le regarder comme un
vassal payant l'hommage-lige.

Ming-Yuen, plusieurs des peintures à l'eau de Castiglione, appendues aux murailles, et quelques-uns de ses albums précieusement conservés dans des coffres de senteur. Les tableaux étaient des paysages, les dessins des albums étaient des figures représentant les métiers et les occupations des Chinois, le tout exécuté sans relief et sans ombre dans le système du pays. Un vieil eunuque qui gardait les clefs des appartements du palais où ces reliques étaient conservées, les fit voir avec orgueil à M. John Barrow, comme des ouvrages chinois ; mais les signatures dont ils étaient revêtus ne permettaient pas de s'y méprendre [1]. Cela prouve seulement l'ignorance du vieux gardien ; car, peut-être dans ce palais même, et certainement ailleurs, se trouvaient des œuvres de premier ordre sorties du pinceau de véritables artistes chinois, à moins que le climat n'en eût fait justice.

III. — CARACTÈRES DE LA PEINTURE CHINOISE. — PEINTRES ANCIENS.

Soit politique, soit orgueil et défiance de ce qui était étranger, Khien-Loung et ses ministres avaient refusé à Castiglione la liberté d'ouvrir un grand atelier public, de peur, disaient-ils, que la passion de la peinture ne devînt assez générale pour préjudicier aux travaux utiles [2]. Grâce au préjugé et à l'insouciance générale, il en avait été de même dans tous les temps, et jamais, ni à Nanking, ni à Péking, il n'y eut des académies ou écoles nationales chargées de maintenir le niveau des arts du dessin. Un principe domine au Céleste Empire, principe aussi absolu que l'unité dans le gouvernement, c'est l'individualité pour toute chose d'art, d'industrie, de commerce, d'agriculture, de science pratique. L'État ne s'en mêle ni de près, ni de loin. Il ne se préoccupe, en dehors de l'application des lois, que des belles-lettres. Celles-ci ont une académie impériale illustre, dont l'empereur suit incessamment les travaux et dont les membres se partagent les plus beaux postes de l'administration. L'association n'étant pas plus dans les mœurs du peuple que dans le système du gouvernement, il ne s'est formé aucune société particulière de beaux-arts, dont les membres pussent s'aider mutuellement et s'encourager. Tout succès est donc le résultat d'efforts individuels. Un grand artiste, un artisan de premier ordre, vient-il se produire à force de génie, l'art ou l'industrie est tout à coup

[1] *John Barrow*, ch. VII.
[2] *John Barrow*, ch. VII.

illuminé de chefs-d'œuvre. L'artiste une fois disparu, l'on retombe à plat dans l'obscurité de la veille.

L'empereur a ses peintres qui travaillent dans le goût purement chinois et continuent à faire halte dans les vieux procédés. Le caractère particulier de leur peinture est l'emploi des couleurs par teintes plates dans leur vivacité native. Ils ne les fondent pas entre elles, ne brisent pas les tons, ne dégradent pas les nuances, comme on le fait en Europe pour exprimer les jeux de la lumière, les reflets et les ombres. Au premier aspect même, ils sont plus vifs et plus montés de ton que les Européens; mais qu'on ne s'y trompe pas, ils n'en sont pas pour cela plus coloristes. Sans aucune idée des belles localités qui sont dans la nature, sans nulle entente des harmonies de la couleur ni de la magie du clair-obscur, ils ne sont vifs que parce qu'ils sont sans art et posent leurs couleurs à cru. Ce sont des enlumineurs, non des peintres. Toujours étrangers aux plus simples règles de la perspective aérienne et du modelé, obstinés à ne point donner de corps aux objets, en un mot, à ne représenter que la réalité, non les apparences, ils excluent même les ombres portées, jusque là que les figures, au lieu de poser, sont jetées comme suspendues dans l'espace. Vrais antipodes des Carrache, des Michel-Ange de Caravage et de leurs imitateurs, qui semblent avoir peint les demi-teintes et les ombres avec de l'encre, ils en sont encore, pour la perspective aérienne, aux procédés des peintures d'Herculanum et de Pompéïa, des écoles primitives d'Italie, de Bruges et d'Allemagne. C'est le style de Cimabué et de Giotto, déserté par le Masaccio, mais repris par le Fra Angelico da Fiesole, son contemporain, et, un siècle plus tard, par Holbein lui-même en quelques-uns de ses portraits. Quant à la perspective linéaire, s'ils semblent en révéler le sentiment, ils n'en possèdent nullement la science. Dans la pratique usuelle, ils diminuent en général les objets et font un peu fuir les lignes à proportion des distances; mais l'étude des strictes règles de l'optique ne vient pas, chez eux, au secours de l'instinct et de l'art. Il leur arrive même de faire fuir la perspective à contre-sens, c'est-à-dire de faire converger les lignes à partir de l'horizon vers le premier plan. Plus dociles à l'imagination qu'à la logique, ils faussent à leur guise le point de vue : au lieu de peindre les choses de plain pied, ils les représentent à vol d'oiseau pour en montrer davantage. C'est ainsi que, dans leurs tableaux, les maisons sont au-dessus les unes des autres. Peignent-ils un intérieur, ils promènent, contre toutes les lois du possible, le regard dans plusieurs pièces à la fois. Évidemment, ils n'ont pas le moindre souci du principe de l'unité, si impérieux en matière de composition. On les voit, semblables aux peintres de toutes les écoles à leur origine, semblables à nos maîtres imagiers du moyen âge, aux peintres du Japon, de la Perse et de l'Inde, achever tout également dans un tableau, ce qui est loin comme ce qui est près ; en un mot, ils ignorent ou dédaignent ce grand art des sacrifices qui met chaque chose à son plan, donne à chaque objet sa valeur relative et produit l'effet. Chose curieuse, signalée par un voyageur en Chine, — certaines conventions d'étiquette monarchique viennent encore fausser le sentiment du vrai : « L'empereur ne peut être représenté comme un autre homme ; fût-il placé sur un plan éloigné, sa tête doit l'emporter en grosseur sur celle de tous les assistants [1] : » Règle sacramentelle, sorte de blason compris de tous. Et ne nous y trompons pas, tout s'enchaîne dans l'esprit humain : une même pensée primitive, mille fois diversifiée dans l'expression de la forme, semble guider les arts les plus disparates, les hommes les plus éloignés, comme un même soleil les éclaire. Cette convention chinoise découle de la même source que la pensée morale qui inspirait les Égyptiens et les Babyloniens. L'idée du grand dans l'ordre matériel répondant, chez tous les peuples, à l'idée du grand dans l'ordre intellectuel, l'art païen faisait un colosse imposant du Jupiter olympien et remplissait les temples de la majesté du Dieu. C'est la même pensée qui donnait vingt pieds au Christ dans les basiliques du moyen âge, en même temps qu'elle conservait aux apôtres la grandeur naturelle et assignait aux donateurs et aux donataires la modestie d'une proportion plus minime. C'est encore la même pensée qui, dans les bas-reliefs chez les Romains, ne faisait jamais le cheval plus grand que l'homme, pour conserver la prééminence au roi de la création. Une sorte de symbolique est également au fond de l'art primitif et barbare, pratiqué, de nos jours, en Abyssinie, où les anges, l'homme, le lion, le tigre, le cheval, réputés nobles, doivent toujours être peints de face, tandis que l'esclave, le démon, sont toujours représentés de profil, de même que la hyène, le loup, l'âne et autres animaux réputés immondes. J'ai des dessins ainsi exécutés.

Les proportions du corps humain sont à peu près étrangères aux Chinois, et jamais, en aucun temps, la peinture et la sculpture de style qui étudient sur le nu la beauté, n'ont été dans leurs mœurs. L'empire entier n'offrirait pas deux statues dignes d'être citées. Ils ornent leurs temples d'idoles colossales, drapées, en terre cuite émaillée ou en porcelaine ; les façades des palais, les portes des villes, les balustrades des ponts, d'immenses statues de pierre qui ont pour tout mérite une certaine expression, quand elles ne

---

[1] De Guignes, *Voyages à Péking, Manille et l'Ile-de-France*, dans l'intervalle des années 1784 à 1801, t. II, p. 238.

sont pas difformes et monstrueuses. Tout cela rentre dans le domaine savant de l'archéologie, mais n'a nul intérêt pour l'art[1]. Instruire, émouvoir, attendrir, éveiller les passions généreuses, susciter de grandes pensées par le bronze, le marbre ou la couleur ; écrire avec d'éloquents monuments l'histoire des grands hommes et des peuples, s'associer, en un mot, au mouvement intellectuel, telle n'est point à la Chine, comme dans les vieilles civilisations de l'Europe, comme chez les Occidentaux, héritiers des traditions antiques, la vocation de la peinture et de la sculpture. Elles n'ont point les vues si hautes, tant s'en faut. De loin en loin, l'architecture remplit les conditions morales de l'art par l'érection de pagodes et d'arcs-de-triomphe à des hommes illustres. Quant à la peinture, l'ornementation est son triomphe : elle ne s'avise plus aujourd'hui que de la couleur, fort peu de la forme, encore moins de l'âme humaine. Oubliant l'art pour l'industrie, tout son génie est en adresse, et s'envole, sur les ailes du phénix et du dragon sacré, aux régions d'un idéal d'éventails, de paravents et de magots. Le Chinois se complaît à torturer la nature, à réduire sous cloche des arbres fruitiers aux proportions naines de plantes annuelles : ainsi de son art. Amoureux des tours de force, il est minutieux, subtil, raffiné ; il excelle, comme on dit, à fendre un cheveu en quatre, à broder sur toile d'araignée. Vrai héros de la patience, il est grand dans le petit.

La raison d'être de cet art, c'est qu'il a été. Tout de tradition comme les lois, les coutumes et le caractère moral des peuples chinois, il s'interdit la moindre innovation ; et plutôt que de se demander comment il faut faire, les artistes s'inquiètent comment on a fait à l'aurore de l'antique dynastie des Soung[2], époque de la création du genre qui fleurit aujourd'hui. Là, nul ne peut être de son

[1] Dans le palais de l'empereur, à Péking, il y a un temple appelé *Pagode des dix mille idoles*. L'édifice est composé de trois étages, dont chacun forme une vaste salle où sont des autels et des idoles dorées, les unes extrêmement grandes, les autres moindres. Les murs sont remplis, dans leurs contours, de petites niches garnies de figures de bronze. La plupart de ces idoles sont laides ; mais, devant les autels, il y a des vases de bronze et des brûle-parfums d'un travail achevé.

On voit, devant le même palais, un autre temple nommé *Taï-Saï-Tin*, dont la principale image représente une femme assise, de trente-cinq pieds de haut. Elle a six têtes tournées vers six points différents, et de deux bras bien proportionnés sortent cinq cents autres bras de chaque côté. Au-dessus de la tête à six faces est une pyramide qui paraît contenir au moins cinq cents petites têtes. (Voyez *Voyage de l'ambassade de la Compagnie des Indes Orientales Hollandaises, vers l'empereur de la Chine*, déjà cité, t. I, pp., 273-274.

Le même ouvrage cite, p. 293, une autre pagode où se trouve la même figure à six faces et à mille bras, qui a soixante pieds de haut.

Il mentionne un autre temple où est l'image de la sensualité. C'est une immense statue entièrement dorée, représentant un personnage d'énorme corpulence, assis sur un coussin et la figure épanouie.

[2] Les *Soung* ont commencé à régner en 960, et ont cessé en 1279 de notre ère.

siècle; tout Chinois naît âgé de mille ans, ou semble s'éveiller, après un long sommeil, comme les dormants de la fable. Cela n'empêche pas qu'il y aurait plus que de l'injustice à proclamer méprisables indistinctement tous les artistes chinois. Les modernes pratiquent un art en décadence; mais les anciens, leur système une fois admis, comptent des praticiens remarquables. Décorateurs et coloristes habiles, ils ont montré un vrai sentiment du dessin et de la grâce, une finesse délicate dans le trait, un certain pouvoir de nature naïve, uni à la plus charmante fantaisie; et telles de leurs figures sur papier ou sur porcelaine rappellent, soit le style distingué des vases grecs, avec plus de vie, soit le sentiment du Giotto et du Fiesole, avec une exécution plus nourrie, un modelé plus ferme et plus précis.

A côté des lions, qu'ils ne connaissent pas, dont ils font les grotesques les plus baroques et les plus ridicules, peints en vert-pomme[1]; à côté des chimères tortillées en racines de mandragore; à côté de dragons fantastiques, de magots sans nombre, produits par les Lysippes de la Chine; à côté des grossières figures de chevaux, d'éléphants, de béliers et autres animaux qu'ils placent en avant des tombeaux, on ne peut disconvenir qu'on ne trouve de délicieuses figurines d'hommes et d'animaux, vraies et naïves, en or, en argent, en bronze, en jade, en pierre de lare, en porcelaine, en argile, en bois, en racines d'arbres. Les parois intérieures des maisons particulières sont ornées avant tout de pancartes chargées de sentences, de maximes, de vers écrits par quelque calligraphe célèbre, en caractères plus ou moins gigantesques, qui rappellent nos lettres d'affiches ou d'enseignes. Les appartements s'émaillent ensuite de rouleaux, cartels ou pancartes représentant des mandarins, des paysages ou des sujets simples, traités parfois avec une délicatesse exquise. Plus rarement les plafonds sont décorés de fleurs et d'ornements; plus rarement encore, comme cela se pratiquait dans les temps anciens, les murailles sont revêtues à fresque d'oiseaux, de corbeilles de fleurs, de paysages à figures. La peinture ne va pas plus loin : une galerie de tableaux est chose inconnue dans tout l'empire. Du moins n'y a-t-on pas cette aberration de notre Occident, qui détourne les objets d'art des lieux pour lesquels ils ont été faits et leur enlève leur signification et leur éloquence. Arriérés et avancés tout à la fois, les Chinois n'ont jamais frappé ni monnaies à effigies ni médailles, mais ils ont excellé de tout temps dans la gravure sur bois, dans la gravure sur pierre fine, dans les

[1] Les Hindous, qui ne connaissent que le tigre, et n'ont qu'une idée confuse du terrible roi des forêts d'Afrique, en font, dans leurs peintures, un tigre ou un léopard à crinière.

tableaux en relief, à incrustations de jade et autres pierres précieuses.
Ils ont produit de magnifiques bronzes damasquinés d'argent et
d'or, des émaux cloisonnés d'une grandeur et d'une beauté inconnues en Europe, souvent découpés à jour comme les plus fines den-
telles. Ils sculptent en maîtres et sans rivaux l'ivoire, la nacre, la
corne et l'écaille ; et chez eux le filigrane d'or et d'argent, l'ébé-
nisterie, la tabletterie, empruntent leurs dessins et leurs formes à
l'invention la plus vive, sinon au goût le plus délicat.

Les Chinois exécutent en écrans et autres meubles des broderies
de paysages, d'oiseaux, de personnages d'une délicatesse merveilleuse, que nos aiguilles les plus adroites ne sauraient égaler. L'art
de la porcelaine était porté chez eux au plus haut degré de perfection, quand nous n'en avions encore aucune connaissance en Europe.
Eux qui se vantent de posséder une chronologie exacte depuis la
plus haute antiquité jusqu'à nos jours, ils citent dans leurs annales
officielles, comme inventeur de la poterie, l'empereur quasi fabuleux Hoang-Ti, qui remonterait à l'an 2698 avant le Sauveur; mais
il s'agit de la poterie de terre, et ce fut seulement sous les Hân, 185
ans avant Jésus-Christ, que la porcelaine a pris naissance en Chine.
Moins transparente alors de pâte que celle de nos jours, elle était en
revanche plus fine d'émail et plus vive de couleur. Le Japon l'a
reçue de la Chine par la Corée, 27 ans avant notre ère. Suivant
l'illustre Alexandre Brongniart, qui savait tant de choses et les
savait si bien, la porcelaine a été introduite en Europe par les Portugais, en 1518. C'est alors que les premiers échantillons excitèrent
l'admiration générale et devinrent comme les vases murrhins, *vasa
murrhina*, des anciens Romains, l'un des plus riches ornements
des dressoirs et de la table des grands. Les souverains, jusqu'à
Louis XIV, commandèrent en Chine des services à leurs armes et
des vases immenses dont on retrouve encore de temps à autre, dans
les plus riches ventes, quelques magnifiques exemplaires. 185 ans
avant Jésus-Christ, c'est déjà une assez haute noblesse d'origine.
Quelques-uns cependant ne s'en sont pas contentés. On a fait beaucoup de bruit, dans l'année 1834, en Italie et en Angleterre, de la
découverte de petits flacons de porcelaine chinoise, trouvés dans des
hypogées égyptiennes, d'une époque pharaonique antérieure de
1800 ans à notre ère, et qui, disait-on, n'avaient jamais été ouvertes.
L'égyptologue pisan Rosellini, MM. Wilkinson et Davis crièrent au
miracle. Que de discussions eussent été soulevées si la découverte n'eût pas rencontré, dès l'abord, un puissant contradicteur !
La Bible allait être mise en jeu, et la science historique se serait
perdue en vaines conjectures sur je ne sais quelle fabuleuse com-
munauté d'origine, ou de rapports commerciaux entre des peuples

de races distinctes, et qui, de fait, ne se sont point connus à ces époques reculées. Or, on s'était joué malicieusement de la crédulité des trois savants personnages, comme le Grec Simonidès s'est heurté dans ces derniers temps contre la sagacité de M. Hase en France et d'Alexandre de Humboldt en Prusse. Le célèbre sinologue de notre Institut, M. Stanislas Julien, a restitué la véritable date de ces fioles merveilleuses, en prouvant qu'elles portaient des inscriptions tirées de poëtes du VIIIe siècle après Jésus-Christ, ce qui ne voulait pas même dire qu'elles ne fussent point de fabrication très-récente, car les Chinois sont les plus habiles faussaires, les plus adroits fabricateurs d'antiquités.

M. Stanislas Julien, dont l'activité savante ne connaît pas de repos, vient de publier sur l'*Histoire et la fabrication de la porcelaine chinoise* un livre excellent qui manquait, et dont les éléments ont été puisés aux sources les plus authentiques de la littérature industrielle de la Chine. La Préface seule est presque un livre. Grâce à ce docte travail, on connaît les procédés les plus minutieux de la fabrication de la porcelaine dans l'Empire Céleste, la date réelle des premières curiosités céramiques, la distribution géographique des fabriques, les dénominations scientifiques et les dénominations techniques et usuelles des porcelaines; on en sait les marques, on en sait les contrefaçons. C'est le dictionnaire du sinologue, le *vade mecum* du fabricant, le manuel du curieux [1].

La porcelaine a varié de couleur et d'ornementation avec les règnes dans l'Empire du Milieu, et cette diversité même, indépendamment de la nature et de la transparence de la pâte et de l'émail, fournit aux curieux des points de repère. Sous les *Tsin* (265-419 de Jésus-Christ), la plus belle porcelaine était bleue. Sous les *Soui* (581-618), elle était verte pour remplacer une sorte de pâte de verre dont la composition était perdue. En 624, on eut, pour le service de l'empereur, des porcelaines à fond blanc, brillantes comme le jade. A la fin du Xe siècle, l'empereur voulut que ses porcelaines fussent « bleu du ciel après la pluie, » minces comme le plus fin papier, sonores et luisantes. Ce sont aujourd'hui de hautes curiosités que les antiquaires du Céleste Empire font, comme pour toutes leurs anciennes poteries et les vieux bronzes, racheter en Europe, et qui exercent l'ardente avidité des faussaires chinois. Les plus petits fragments de ces porcelaines antiques sont employés en colliers et en bracelets,

[1] *Histoire et Fabrication de la Porcelaine chinoise, ouvrage traduit du chinois par M. Stanislas Julien, membre de l'Institut, etc., etc., accompagné de notes et d'additions par M. Alphonse Salvétat, chimiste de la manufacture impériale de porcelaine de Sèvres, etc., et augmenté d'un Mémoire sur la Porcelaine du Japon, traduit du Japonais par M. le docteur J. Hoffmann, professeur à Leyde, Paris, Mallet-Bachelier.*

tant l'homme de tous les temps et de tous les lieux attache une valeur mystérieuse aux choses des siècles expirés! On eut ensuite des porcelaines bleu pâle dont l'émail était comme parsemé de gouttes de rosée, puis des porcelaines couleur de riz ou d'un blanc pur éclatant. Le XIV⁰ siècle surtout et le commencement du XV⁰ se distinguent par l'excellence des modèles, l'infinie variété des formes, l'exquise délicatesse du travail et de la peinture. Les tasses réticulées datent de ce temps.

Le plus souvent les marques de fabrique établissent l'âge des monuments céramiques au moyen d'un sujet peint ou de caractères chinois indiquant l'artiste, l'usage du vase et le lieu de la fabrication. Il faudrait copier tout un chapitre du livre de M. Julien pour fournir cette nomenclature aux curieux. De 960 à 963, c'est une acore ou jonc odorant peint sous le pied des porcelaines. De 969 à 1106, ce sont deux poissons peints au même endroit. Une autre porcelaine de la même époque se distingue à un clou mince et petit faisant saillie, toujours sous le pied. D'autres pièces sont marquées d'une fleur de sésame. De 1403 à 1424, on trouve deux lions faisant rouler une balle, ou bien deux canards mandarins, mâle et femelle, symbole de l'amour conjugal chez les Chinois, fort curieux d'emblèmes. Un poisson rouge peint sur l'anse d'une tasse, ou une fleur mate, extrêmement petite, représentée au centre de la coupe, appartient à la période Siouen-te (1426-1435). Dans le même temps, les porcelaines de l'empereur étaient décorées d'un dragon et d'un phénix de petitesse microscopique. Un artiste nommé Lo, et deux jeunes sœurs, nommées *Sieou*, excellaient alors à tourner des coupes élégantes, où lui et elles gravaient en creux, dans la pâte, des combats de grillons, amusement favori de l'époque. Un peu plus tard, un artiste non moins renommé décorait ses jarres de poules et de fleurs. Une poule avec ses poussins ou des combats de coqs, ou bien des raisins en émail, ou des pivoines épanouies, étaient les stigmates des porcelaines de 1465 à 1487; et les vases à boire le vin se distinguaient par la peinture d'un *nelumbium speciosum*. Sous l'empereur *Tching-te* (1506-1521) commença l'usage du bleu cobalt provenant d'un royaume étranger, et les vases à fleurs bleues de cette époque sont d'une beauté suprême, imitée des parfaits modèles du XV⁰ siècle. C'est de 1567 à 1619 que des « vases à jeux secrets, » c'est-à-dire à peintures libres, trop communs de nos jours, font irruption chez ces peuples corrompus. Du moins l'œil du curieux se repose sur des porcelaines du même temps, à émail bleu pâle ou couleur feuille morte, ou bien d'un rouge de cinabre éclatant, veinées et diaprées de nuages, ornées de feuilles de bambou, de bouquets d'épidendrum ou d'essaims de jeunes filles et de jeunes garçons

jouant à la balançoire. Dans la période de Khang-Hi, la manufacture impériale produisit des porcelaines vert-peau-de-serpent, jaune-
d'anguille, bleu d'azur ou tachetées de jaune. Sous Khien-Loung,
la fabrication prit un essor nouveau et rechercha l'élégance de forme
des plus beaux temps de l'art, sous l'inspiration des missionnaires
européens. C'est à l'infini, et je renvoie au livre. Aussi bien faut-il
laisser des épis aux glaneuses et des raisins aux grapilleurs.

Un ouvrage en vingt-quatre volumes (*in-folio*), exécuté avec un
grand luxe à Péking, dans la seizième année du règne de Khien-
Loung, vers 1751, sous le titre de [1] : *Collection des Antiques du
Musée impérial des Tsing occidentaux*, fournit des preuves multi-
pliées de la merveilleuse imagination de ces peuples singuliers.
Le livre commence aux productions de la première dynastie, celle
des Chang. Coupes, calices employés dans les sacrifices, vases à
boire, vases lagènes, brûle-parfums, torchères, trépieds, porte-
bonnets, cloches, grelots, miroirs en métal poli, armes, monnaies
primitives, pots à cuire le gensang, cette racine précieuse à laquelle
on attribue la vertu de prolonger la vie, comme notre moyen âge
l'attribuait aux élixirs, comme le grand Bacon lui-même la cherchait
encore dans la médecine dorée, dans les préparations de perles, de
pierres précieuses, d'ambre et de bézoar, tout s'accumule dans ce
livre avec un caprice, une folie de forme incroyable, et se mêle à
des animaux, à des oiseaux d'une exécution vraie, vive et spirituelle,
à des fleurs chimériques, à des instruments de musique, ou, pour
parler plus juste, des instruments à faire du bruit.

Un autre livre, également gravé sur bois en huit volumes in-4°,
intitulé [2] : *Recueil de modèles de dessins exécutés en relief sur plaques d'encre*, relève la modestie de son titre par l'exécution, par
l'intarissable imagination, l'infinie variété des objets représentés.
Ce sont d'abord des vases curieux et autres antiquités, comme dans
l'ouvrage précédent ; mais aussi des paysages, des figurines, des sujets. Ce livre de plaques d'encre a été publié sous la dynastie des
Ming, année Ouân-lin, correspondant à 1573.

Voilà, il faut le reconnaître, de beaux et bons ouvrages ; mais il y
a mieux encore, et la plus magnifique collection, embellie d'une
multitude de gravures sur bois, que nous ayons à envier à la Chine
est l'*Encyclopédie ancienne et moderne* [3] en *dix mille volumes* in-4°,
dont l'académie des Hân-lin a surveillé l'exécution. Tout est là :
sciences, arts et métiers. C'est un livre de grande rareté et du plus

---

[1] *Si-tsing-kou-kien.*
[2] *Fan-che-mo-pou.*
[3] *Kou-kin-tou-chou-tsi-tching*, c'est-à-dire : « Collection universelle des ouvrages illustrés anciens et modernes. »

haut prix, commencé sous Khang-Hi, mais marqué de la date de Young-Tching, son fils, sous lequel il a été complété. Notre Bibliothèque impériale en possède vingt à trente volumes de texte, sans gravures, sur le bouddhisme. J'en ai sous les yeux seize qui sont ornés de bois, et dans lesquels l'histoire naturelle des quadrupèdes et des mollusques, des oiseaux surtout, est rendue avec un charmant esprit d'observation, une finesse d'exécution vraiment étonnante.

N'oublions pas non plus les trente à quarante volumes grand in-4° oblongs, des *Fêtes de Khang-Hi* et de *Khien-Loung*, gravés sur bois. Ce sont des livres qui offrent la plus amusante variété de scènes et de costumes : vrais rêves fantastiques, feux d'artifice de dessin [1].

Quant aux origines de la peinture, et à la personne des peintres, qui remontent aux temps antérieurs à l'ère chrétienne, on connaît assez peu de chose. Ces informations secondaires ne sont point de celles qui durent échapper intactes à la grande destruction de livres ordonnée, dit-on, en 247 avant J.-C., par l'auteur de la dynastie des Tsin, le constructeur de la grande muraille, Che-Hoang-Ti, qui, voulant passer aux yeux de la postérité pour le seul fondateur de l'empire, ordonna, sous peine de mort, de brûler tous les livres, à l'exception de ceux d'agriculture et de médecine, et fit recommencer les annales à partir de son règne. Mais il n'avait pas réussi à sceller le passé dans sa tombe : après lui vint la renaissance des lettres, et les livres se retrouvèrent, soit dans la mémoire des hommes, soit dans de pieuses cachettes, soit chez les peuples tributaires voisins. On vit les anciens écrits sortir en quelque sorte comme de dessous terre. Malheureusement, le fil ne put pas toujours se renouer, et l'on eut à regretter de nombreuses lacunes que les œuvres du grand annaliste de la Chine Sse-ma-tsien, antérieur au prince iconoclaste, ne purent réussir à combler.

Ni les Mémoires des missionnaires à la Chine, ni l'*Histoire générale*, traduite par le P. Moyriac de Mailla, ne fournissent des documents suivis sur l'histoire de la peinture. Ce n'est guère que par une lecture opiniâtre de ces ouvrages que l'on peut glaner çà et là quelques notions incidemment éparses sur les arts et les artistes, et

---

[1] Ce sont deux ouvrages distincts. Le premier publié à l'occasion du soixantième anniversaire de Khang-Hi, le second lors du quatre-vingtième anniversaire de Khien-Loung.

Celui de Kang-Hi doit avoir paru en 1713. Il est à la Bibliothèque impériale. Le titre est « *Lou-Siuèn-wan-cheou-ching-Tien*, » ce qui veut dire : « Heureuses cérémonies de la vi^e décade de l'Empereur. »

Celui de Khien-Loung est daté, je crois, de 1790. Il a pour titre : « *Pa-Siuèn-wan-cheou-ching-Tien*, » ce qui signifie : « Heureuses cérémonies de la viiie décade de l'Empereur. »

faire sortir les faits de la poussière du passé. La grande Encyclopédie littéraire de Ma-tuân-lin, qui remonte au commencement du XIIIe siècle, livre excellent et l'un des plus remarquablement critiques qui aient vu le jour à la Chine, ne contient pas d'article *ex professo* sur la peinture. Il y en a un, dans l'Encyclopédie, dont la rédaction a été ordonnée par Khang-Hi, et dont j'ai sous les yeux une édition de poche[1]; mais l'art, il faut le reconnaître, n'y est traité que superficiellement. Ce n'est, à proprement parler, qu'un recueil d'anecdotes quasi légendaires et de recettes et procédés sans valeur pratique. L'article mentionne un livre que j'ai eu le regret de ne trouver, ni à la Bibliothèque impériale de Paris, ni à celle de Vienne, et qui traite spécialement de l'histoire des peintres[2]. Une chose pourrait consoler, c'est que la fleur de ce livre inconnu a dû passer dans le précis de l'Encyclopédie, qui le cite et qui apprend peu.

Le *Choû-King*[3], chapitre *Chûn-Tien*, § 24, et le *Li-Ki*, récemment traduit en abrégé par M. Callery, et dont nous rendrons compte, sont les livres où les six arts manuels ont été nommés pour la première fois : « L'art de la terre, l'art du métal, l'art de la pierre, l'art du bois, l'art des quadrupèdes, et l'art des *herbes*, » qui comprend l'application des couleurs. Ce livre ferait remonter les six arts jusqu'à l'époque de l'empereur Chûn, c'est-à-dire 2257 ans avant Jésus-Christ; mais les sinologues ne sont pas d'accord sur ce que les Chinois appellent les *six arts*. Les uns veulent voir la peinture dans le sixième, les autres n'y voient que l'application industrielle des couleurs ou la *teinture*, et ces derniers pourraient bien avoir raison. On lit dans le livre des « Rites de Tcheou[4], » composé environ 1100 ans avant Jésus-Christ, que *l'application des couleurs*, ou, comme traduit M. Ed. Biot[5], la *peinture*, comprend cinq opérations. Mais quelles sont ces opérations? le Tcheou-Li ne s'explique pas et l'on ne peut conclure. Dans

---

[1] Cette encyclopédie a pour titre *Youen kien louï han*. La méthode n'en est pas aussi didactique que celle qui a présidé à la rédaction de *Ma-tuân-lin*. L'article se divise en plusieurs parties : la première comprend des considérations générales sur la peinture (cinq pages); la seconde contient un aperçu historique de la peinture (vingt-deux pages); la troisième (vingt-six pages), et la quatrième (onze pages), renferment des poésies sur le même sujet, etc.

[2] L'ouvrage est intitulé *Li laï ming hoa ki chi kiouan Thang Tchang Yen Youen tchouen*, c'est-à-dire : « Histoire des peintres renommés des générations successives; en dix livres rédigés par *Tchang Yen Youen*, de la dynastie des *Thang*. »

[3] Le *Chou King*, c'est-à-dire « *Le Livre par excellence*, » est le plus important des livres canoniques de la Chine. Il a été recueilli et mis en ordre par Confucius, de même que le *Li Ki*, ou « Livre des Rites. »

[4] *Tcheou-Li.*

[5] T. II, p. 456-461.

tous les cas, et c'est donner un brevet de haute antiquité à l'art du dessin, on peut le considérer comme contemporain de l'art d'écrire à la Chine, puisque l'écriture a commencé par y être figurative, c'est-à-dire représentative des objets, avant de devenir phonétique ou représentative des sons [1]. Quoi qu'il en soit, la peinture proprement dite est généralement considérée, aux temps historiques, de même que de nos jours, comme un art manuel bien au-dessous des exercices de l'esprit, bien au-dessous de l'étude des lettres. On n'y voit qu'une des branches de la calligraphie, classée avec l'art de tirer de l'arc, avec l'équitation, avec le jeu des échecs, avec l'arithmétique, qui, chez les Chinois, comme toutes les branches des mathématiques, est dans l'enfance; en un mot, elle est reléguée au nombre des arts polis, rentrant dans le simple domaine de l'adresse et de l'habileté. Il y a mieux, l'art de représenter la nature vient après l'art de teindre la soie, source de richesse dans le Céleste Empire, et l'un des moyens d'assurer les commodités de la vie matérielle, première préoccupation du Chinois. C'est dans ce but qu'il s'évertue aux procédés industriels les plus raffinés: l'art et la gloire ne sont que des considérations secondaires. Abel Rémusat a eu raison de dire que le luxe européen est d'origine asiatique et surtout chinoise [2].

Ce n'est guère que plusieurs siècles après notre ère que les écrivains de la Chine nous fournissent des détails sur les peintres. En cherchant bien cependant, on retrouve dans les annales de Ssema-tsien, le souvenir d'un roi de Tsin [3], qui régnait 600 ans avant l'ère chrétienne, et qui avait un goût très vif pour la peinture. C'est ce prince extravagant qui avait accoutumé de lancer, du haut d'une tour avec un arc, des projectiles aux passants, pour se donner le plaisir de les voir fuir devant ses coups. C'est le même encore qui faisait mourir ses ministres quand ils lui avaient déplu, et qui tua de sa main son cuisinier parce qu'il lui avait servi un pied d'ours mal cuit. Ce Néron chinois écrasait le Tsin d'impôts, mais c'était pour payer des artistes et pour embellir de peintures les murs de ses

---

[1] Les Mémoires historiques sur les peintres célèbres, par Tchang Yen Youen, cités dans l'*Encyclopédie chinoise*, disent : « Les ministres de la dynastie des Tchéou (1134-256 avant notre ère) instruisaient les fils de l'empereur dans les six sortes d'écriture dont la troisième était dite « représentant la forme *siang hing*. » C'est cette espèce d'écriture qui a donné l'idée de la peinture « hoa. » On sait alors que si l'écriture et la peinture ont des noms différents, leur essence est la même.

[2] Voyez *Journal Asiatique*, t. Ier. — 1822, p. 136 et suivantes.

[3] Le royaume de *Tsin* comprenait la province de *Chan-si* et le territoire méridional du *Pe-tche-li.*

Le roi en question se nommait *Ling-Koung.*

palais [1]. Les notions ne vont pas plus loin, et l'on n'a rien sur les pinceaux habiles qui pullulaient alors et qu'il employait à profusion.

Presque partout, dans les récits sur les peintres, on voit la légende côtoyer l'histoire, presque partout se reproduire ces *mas* des beaux-arts qu'il est curieux de retrouver dans toutes les histoires de la peinture chez les peuples les plus divers, et qui rappellent les raisins de Zeuxis, le rideau de Parrhasius, les dessins au trait de Protogène et d'Apelle, la mouche d'Holbein et celle de Quintin-Metzis. Ainsi, le livre des « Perles de l'histoire [2], » compilation du règne de Khang-Hi, nous a conservé des anecdotes de ce genre associées à plusieurs des noms les plus illustres de l'art. Dans le royaume d'Ou, au temps où la Chine était divisée en trois royaumes, florissait, l'an 250 après Jésus-Christ, un peintre [3], employé par l'empereur Suen-Kuing. On raconte qu'après avoir terminé un paravent impérial, l'artiste s'avisa de jeter, au hasard du pinceau, quelques gouttes d'encre pour en faire, au moyen de retouches légères, autant de mouches. Ces mouches étaient si bien rendues que l'empereur prit son mouchoir pour les chasser. Le même livre raconte l'histoire de l'empereur Ta-Tsoung qui, se promenant dans la campagne avec sa cour, vers l'an 630 de notre ère, aperçut un site tellement à son goût qu'il regretta de n'avoir pas sous la main quelque peintre habile pour en consacrer le souvenir. Il se trouva à point nommé qu'un des ministres, appelé Tan, alors près de lui, était le premier peintre de l'empire; vite l'empereur lui fit mettre le pinceau à la main et s'éloigna. L'auteur ajoute, comme un trait de mœurs, que le pauvre peintre-ministre, qui rougissait de talents à ses yeux trop au-dessous de sa dignité, pleurait de désespoir en se voyant réduit à un solitaire labeur d'artisan, tandis que toute la cour allait jouir de la présence sacrée du prince. Ainsi, à Rome, Laberius, habile dans la composition des mimes, avait été forcé, par César, de monter sur le théâtre, au mépris de sa dignité de chevalier romain.

Sous l'empereur Min-Wân, de la dynastie des Tàn, l'an 720 de notre ère, on cite Wân-Weï, merveilleux dans le paysage, et dont les plus riches s'arrachaient les œuvres. Ses ciels étaient légers comme l'air, et la magie de ses fonds le disputait à la nature même.

On cite également, vers l'an 1000, un célèbre peintre d'oiseaux [4].

[1] Voyez le *Tchao-chi-kou-eul*, ou « l'Orphelin de la Chine » traduit par M. Stanislas Julien, pièces historiques. » Paris, 1834.
[2] *Kï-se-tchen.*
[3] Du nom de *Tsao-pu-ing.*
[4] Nommé *Huân-tsuèn.*

par qui l'empereur fit peindre des faisans dans l'une des salles de son palais. Des ambassadeurs étrangers étant venus un jour faire hommage de faucons dressés, furent introduits dans cette salle. À peine l'œil des oiseaux chasseurs eut-il aperçu les faisans peints, qu'ils se précipitèrent dessus, se brisant obstinément la tête plutôt que de lâcher prise. On retrouve au tome second des Mémoires sur les Chinois (p. 459), cette même anecdote, mais retournée et appliquée à un fameux peintre [1] qui vivait dans le Ve ou le VIe siècle. La vue d'éperviers peints par lui sur la muraille extérieure d'une salle impériale, faisait une telle peur aux petits oiseaux qu'ils s'enfuyaient à tire d'ailes en poussant de grands cris.

L'Histoire générale de la Chine raconte encore d'autres anecdotes de peintres. Sous l'empereur Chin-Soung, l'an 1074 après Jésus-Christ, le premier ministre avait envoyé en qualité de mandarin, dans les provinces, une de ses créatures [2] qui, à son retour, reçut le commandement de l'une des portes du palais. Cet emploi lui laissant de grands loisirs, le commandant se livra à la peinture et rendit, en plusieurs tableaux, les vexations et misères sans nombre dont souffraient les provinces. Il trouva le moyen de faire arriver ces peintures sous les yeux de l'empereur, et son éloquent plaidoyer, compris du prince, devint l'occasion de sévères décrets de réformation [3].

Une autre anecdote prouve qu'on faisait plus de cas de la peinture à la Chine, dans le XIIe siècle de notre ère. L'empereur Hoeï-Tsoung, qui monta sur le trône l'an 1101, était un très grand curieux d'antiquités, et en meublait tous ses palais. Un de ses favoris disgracié [4] voyagea dans tout l'empire pour recueillir des peintures anciennes, les plus belles et les plus intéressantes qu'il put trouver, et les lui offrit pour rentrer en grâce [5].

On rencontre encore quelques œuvres d'un célèbre peintre de chevaux, qui vivait vers l'an 1300, alors que la dynastie des Soung, à laquelle il appartenait, allait s'éteindre. M. Thiers, un des premiers sinophiles de ce temps-ci, et dont le cabinet doit être visité par toute personne curieuse de l'art en Chine, possède une belle aquarelle authentique de ce maître. Le dessin des chevaux en est d'une fermeté rare, et les palefreniers qui les gardent sont d'une vigueur de touche peu commune, en même temps que, suivant l'usage chinois, ils tournent un peu à la caricature. Poète aussi habile que

---

[1] Nommé *Kao-hiao*.
[2] Cet homme se nommait *Tching-hia*.
[3] *Histoire générale de la Chine*, t. VIII, p. 282.
[4] Nommé *Tsaï-king*.
[5] *Hist. génér. de la Chine*, t. VIII, p. 335.

peintre distingué[1], l'artiste fut en honneur dans son temps, et les Yuen voulurent, malgré tous ses refus, le revêtir d'une haute magistrature.

Une pancarte peinte, que j'ai en ce moment sous les yeux, et qui provient du riche cabinet de Ki-Ing, oncle de l'empereur de la Chine, précepteur du prince impérial et commissaire impérial en 1844, pour la signature des traités avec la France, porte quelques caractères de l'empereur Siuen-Tsoung qui vivait au IXe siècle. Cette écriture, bien constatée, donne une date certaine à la pancarte, qui est à la fois une pièce autographe précieuse et un vrai chef-d'œuvre d'art d'auteur inconnu. Le rouleau fut adressé par l'empereur à une maîtresse dont il était éperdûment épris. A côté d'une aquarelle représentant la maison de plaisance de la favorite, sont les vers écrits par l'empereur pour célébrer son idole. Tout près, sous un dais de verdure et de fleurs, celle-ci, d'une beauté ravissante, écoute, les yeux baissés, l'éloge de ses charmes chanté par la bouche impériale. Au feu poétique que le Fils du Ciel lui communique, et dont la chaleur ne se calcule point à la durée, on voit qu'il n'était pas de la froide religion des Guèbres, qui se bornaient à souffler sur leur divinité avec un éventail. Voilà une pancarte qu'un Chinois ne pourrait regarder qu'avec un soupir, et ce soupir vaudrait un poème.

Ce morceau, antérieur même à la belle époque des Soung, révèle un talent que les Chinois n'ont que trop perdu aujourd'hui. Après de nombreuses vicissitudes, la peinture reprit quelque fécondité sous l'empereur Khang-Hi ; mais sous Khien-Loung, il ne resta que des boîtes à couleur, il n'y eut plus d'artistes, et les peintres missionnaires européens furent à peu près les seuls, au Céleste Empire, qui gardèrent quelque sentiment de l'art. A l'idée avait succédé la copie ; à l'invention, le savoir faire ; à la composition, la contrefaçon et le calque. En effet, dès le temps de Gherardini, de Castiglione et d'Attiret, le système de peinture à la Chine était devenu depuis longues années une espèce de jeu de patience. Au moyen de morceaux choisis des maîtres, on s'était composé des cours de dessin gravés sur bois, quelquefois enluminés, qui fournissaient des modèles de toute chose vivante ou matérielle, sorte d'encyclopédies d'art pratique pleines de recettes pour avoir du génie. Un de ces livres les plus répandus datait de 1684, et avait été adroitement compilé, en un grand nombre de volumes ou cahiers[2]. Tels volumes étaient consacrés aux modèles d'hommes, de quadrupèdes, d'oi-

---

[1] Appelé *Tchao-tze-gân*.
[2] Par un nommé *Li-la-ong-sien*.

seaux et de poissons en mille attitudes diverses ; tels aux dessins
de paysages d'ensemble, ou décomposés à l'infini : montagnes et
rochers, cours d'eau et cascades ; jardins, massifs d'arbres ou arbres
séparés. Un autre donnait des plantes, des feuilles, des fleurs et des
fruits ; d'autres, des maisons et des murs, des pagodes et des temples, des tours et des murailles de ville, des jonques et des bateaux ;
des armes et des meubles, des instruments, des outils, des éventails, des écrans, etc., etc. [1]. Tout cela était gradué et de différentes
dimensions pour être plus aisément appliqué suivant les besoins de
la perspective. A ces livres venaient se joindre des livres d'histoire
naturelle, d'iconographie, d'architecture publique et d'architecture
domestique, d'agriculture et de voyages dans les provinces, et des
recueils d'antiquités, tels que ceux que nous citions plus haut.
Alors, on découpait à l'emporte-pièce des cartons sur ces modèles
en manière de patrons et de calques ; on en traçait les contours ; on
plaçait ici une montagne n° 1 ; là une cascade n° 3 ; plus loin, une
pagode de tel numéro : ici et là des animaux et des hommes de telle
série. On enluminait cette mosaïque, et le tour était fait. Bien entendu, tout avait la même physionomie, comme on peut en juger
par les peintures sur laque, sur papier, sur soie, sur porcelaine.
La seule différence qui pût se manifester était le plus ou moins
d'habileté dans la coloration. Il surgissait bien encore, à de longs
intervalles, quelques artistes arriérés qui se permettaient une ap-
parence d'invention ; mais c'étaient les *raræ aves* dont l'exemple
n'était pas contagieux.

IV. — PORTRAITS CHINOIS.

A toutes les époques, la peinture de portraits s'est frayé une
large voie dans l'art de la Chine. Il y a eu, comme chez nous, des
peintres à tout prix ; il y en a eu à résidence, il y en a eu de noma-
des. Des collections de portraits de personnages célèbres, à l'aquarelle ou en gravure sur bois, abondent dans tous les formats. Un des
plus anciens textes chinois, sinon le plus ancien, qui fasse mention
de portrait, est le *Chou-King*, chapitre *Yué-Ming*, qui raconte de
l'empereur Kao-Tsoung, 1324 ans avant J.-C., un fait digne des
Mille et une Nuits. L'Empereur du Ciel lui avait fait voir en songe
l'homme qu'il devait choisir pour ministre. A son réveil, il fit venir
un peintre, lui donna un signalement minutieux du personnage de

---

[1] M. de Lécluse a imprimé dans la *Revue française*, n° de janvier 1839, l'analyse du cours de dessin de *Li-la-ong-sien*.

sa vision ; un portrait fut exécuté. On fouilla toutes les terres de
l'empire le portrait à la main, et l'homme fut trouvé dans une province reculée.

On cite quelques règnes sous lesquels les portraits d'hommes
illustres ont été en honneur. Ainsi, l'an 54 avant notre ère, Hân-
Suen-Ti, empereur de la dynastie des Hân, fit peindre les ministres et les officiers qui avaient contribué à la soumission des
peuples tributaires de l'empire. Il fit bâtir en même temps, pour y
placer ces portraits, une vaste salle, qu'il appela le Pavillon Ki-Lin,
du nom sacré de ce cerf fabuleux dont l'apparition annonce le
bonheur et n'a lieu que sous les rois vertueux [1]. Neuf ans après, un
autre empereur, Hân-Ming-Ti, fit faire les portraits de ses ministres et
courtisans illustres au nombre de vingt-huit, par allusion aux vingt-
huit constellations [2]; manière de *Lesché* antique, de Valhalla, qui
fut renouvelée l'an 1226, par l'empereur Li-Tsoung. Voulant donner
un témoignage éclatant de son estime pour le mérite, ce prince fit
élever un édifice à deux étages, qu'il appela le *Palais de la Vertu*,
et y fit mettre l'image des vingt-quatre lettrés les plus célèbres par
leur vertu, leurs talents et leurs services [3]. Si la peinture avait servi
de héraut à la politique et à la reconnaissance des princes, elle fut
aussi l'auxiliaire de la haine. Sous l'empereur Ning-Tsoung, l'an
1208 de notre ère, un ministre [4] avait poussé à la guerre contre le
Tartare Madacou, roi de Kin. L'empereur, pour faire sa paix avec
le Tartare, fit trancher la tête à son ministre et envoya cette tête à
l'ennemi. Madacou reçut en grand appareil le trophée sanglant,
et, pour repaître ses yeux, ordonna qu'on en peignît plusieurs portraits [5].

M. Thiers a été assez heureux pour trouver une collection très ancienne de miniatures historiques d'une exécution précieuse et délicate, mais dont l'auteur est inconnu. On ne connaît pas non plus le
peintre d'une grande iconographie chinoise coloriée, envoyée de
Péking, en 1777, par le Père Amiot, à la bibliothèque de la rue de
Richelieu. C'est celle qui a fourni à M. Pauthier le type du Confucius gravé au tome Ier de son livre de la Chine. L'exécution de cette
iconographie est loin d'atteindre à la beauté des miniatures du cabinet de M. Thiers. Mais un morceau qui les égale, c'est une soie
tissée, vers les premières années du XVIe siècle, dans la province de

---

[1] *Histoire générale de la Chine*, t. III, p. 154.
[2] Ce trait est rapporté dans le *Fun-cheo-Hân-kien*, que le P. de Mailla a ana-
lysé pour son *Histoire générale*, mais il a omis ce passage.
[3] *Histoire générale de la Chine*, t. IX, p. 119
[4] Nommé *Hân-to-tcheou*.
[5] *Histoire générale*, t. VIII, p. 661.

Se-Tchouan, et qui représente Bouddha dans sa gloire, entouré de bonzes. Il y a là une adresse suprême[1].

Les plus magnifiques miniatures chinoises que nous ayons vues sont à la bibliothèque du palais Barberini, à Rome. Ce sont quinze ou vingt portraits en pied, représentant la famille impériale de la Chine, depuis l'empereur jusqu'au plus jeune des enfants. La tradition du palais Barberin est que ce manuscrit a été envoyé au pape Urbain VIII (1623-1644) par l'empereur lui-même, ce qui veut dire sans doute qu'il a été un hommage des missionnaires européens au souverain pontife. Quoi qu'il en soit, les figures qui, à l'exception d'une seule, sont en couleur, offrent une telle perfection de modelé, de couleur et de composition, une telle énergie d'individualité qu'il y a peu d'œuvres de nos Occidentaux de force à leur être comparées. L'une des dernières, presque entièrement à la mine de plomb, à peine effleurée de quelques teintes de couleur, représente une jeune fille, le corps entouré plusieurs fois d'une étoffe légère qui laisse discrètement transparaître les formes, comme dans les figures égyptiennes. L'enfant tient une fleur à la main. Il n'y a nulle exagération à dire que cette miniature, grande à force de simplicité et de science qui se cache, respire le sentiment des plus délicieuses peintures du Pérugin.

La grande Encyclopédie *San thsaï-thoû-hoeï* contient des portraits gravés au trait sur bois. Mais l'un des plus curieux livres de ce genre est l'ouvrage grand in-8°, soit en trois, soit en deux volumes, suivant l'édition, intitulé[2] : « Biographies illustrées de portraits par Tchou-Tchouang, dans la maison des soirées joyeuses, » titre bizarre comme en ont fréquemment les Chinois. Ce livre, qui remonte au règne de Khien-Loung, contient un texte avec figures en pied qui brillent par une variété infinie de poses, par la liberté et la puissance du dessin, surtout par le mouvement et le caractère. Il va sans dire que ces figures, jetées, à la mode ancienne, au milieu du papier, sans poser sur aucun terrain, ne sont pas ombrées et rappellent le fameux personnage du roman allemand, ce Pierre Schlémil qui avait perdu son ombre. Ce sont tous grands hommes ou femmes illustres des époques anciennes, classés dans l'ordre des dynasties. Il y a là de quoi défrayer des plus splendides paravents tout un palais. Les copistes ne s'en font faute et prodiguent même ces figures à l'ornementation de riches poteries. Dans ce livre, les guerriers abondent armés de toutes pièces, parfois une épée dans chaque main.

---

[1] Ce morceau précieux, d'un mètre vingt centimètres de hauteur, appartient à M. Callery, qui l'a reçu de Ki-Ing. Ce dernier l'avait payé mille onces d'argent à Péking.

[2] *Wan-siao-Tchang-Tcheou-Tchouang-hoa-tchouen.*

Parmi eux, quelques amazones brandissent l'arc ou l'épée. Ici, une figure, les bras et la poitrine nus, pose assise et drapée à l'antique : c'est le grand annaliste Sse-ma-tsien, surnommé par les Européens le père de l'histoire, l'Hérodote de la Chine, qui naquit cent quarante-cinq ans avant l'ère chrétienne. Il a tout l'air d'un vieux Vitellius conservé sous verre. Là, un soldat fauche avec le sabre comme un faucheur avec la faux ; il a le pot en tête et ressemble aux reitres déguenillés du XVI° siècle : c'est[1] un preneur de villes, surnommé le *Soldat noir*, à qui sa valeur incomparable mérita le titre posthume de comte. Plus loin, un personnage se jette dans les flots tumultueux, à travers lesquels on ne voit plus passer que la tête et le bras : c'est[2] un grand mandarin qui, dans une bataille fort disputée, voyant l'empereur en péril, endossa le costume impérial pour détourner les coups sur sa personne, et par son dévouement, qui lui valut la mort, sauva le prince. Ailleurs, une figure, affublée de la robe, de la barbe et du bonnet carré de nos anciens docteurs, ou des jésuites, représente[3] un magistrat célèbre qui vivait sous les Ming, dynastie purement chinoise. On trouve jusqu'à un guerrier illustre, un demi-dieu du temps des Soung[4], lequel, vu seulement à mi-corps, offre, chose curieuse, tout l'aspect d'un seigneur de la cour de Louis XIV, avec la grande perruque et le rabat.

Quel est le degré d'authenticité de toute cette portraiture? A beau mentir qui vient de loin, et les documents nous font presque toujours défaut pour démêler le vrai sur de lointains personnages en si lointain pays, où presque partout l'iconographie d'imagination usurpe les droits de la réalité. On ne saurait donc accepter qu'avec une grande défiance les données d'un peuple aussi peu scrupuleux que le peuple chinois. La préface dit positivement que l'auteur a retracé les traits, le maintien et le geste de ses personnages anciens, soit d'après les monuments les plus authentiques, soit d'imagination, d'après les données léguées par l'histoire sur leur génie. Aveu précieux, qui prouve nettement qu'en résumé, ce sont en partie de ces apocryphes arrangés comme les portraits d'Homère et de ses héros mythologiques : «*Sicut in Homero evenit,*» dit Pline l'Ancien. Quoi qu'il en soit, le livre est infiniment intéressant pour l'esprit et le talent de l'exécution, comme aussi pour la riche variété des costumes qui, avec ceux d'un ouvrage analogue, mais moins bien exécuté, exclusivement consacré aux cent plus belles femmes de

---

[1] *Ting-te-ning.*
[2] *Hân-Tching, duc de Kao-Tching.*
[3] *Ouan-ven-ching.*
[4] Nommé *Ti-tsing*, surnommé après sa mort *Wou siang*, titre qui caractérise sa brillante bravoure.

la Chine [1], composent une sorte de musée ethnographique du Céleste Empire.

On trouve fréquemment des recueils anciens ou modernes, de portraits peints à l'aquarelle ou gravés au trait sur bois, qui représentent les souverains du pays. Pourvu qu'on ne prétende pas remonter trop haut, on a chance de rencontrer juste ; car, dans ce pays de fétichisme monarchique, on comprend que, pour les souverains, les monuments iconographiques soient plus abondants. L'une des plus curieuses collections de ce genre qui me soient tombées sous les yeux est un immense rouleau de soie, envoyé en 1844 au roi Louis-Philippe, par le commissaire impérial Ki-Ing ; les figures, qui ont un pied de haut, sont peintes à l'aquarelle avec une certaine fermeté par les peintres impériaux ; elles commencent à Hiao-Tchao-Ti, de la dynastie des Han antérieurs, deux siècles avant notre ère, et finissent à Souey-Yang-Ti, l'an 605 après Jésus-Christ. Deux de ces empereurs sont accompagnés de femmes, tous les autres le sont d'officiers. A côté de leurs effigies sont deux *fac-simile* de leur écriture, d'après les monuments du musée impérial de Péking. Le tout, timbré du cachet de Ki-Ing, est revêtu de certificats d'authenticité, délivrés par trois ministres d'Etat, dont un a été vice-roi de Canton.

Voilà des portraits qui sont officiellement ressemblants ; mais, parmi les effigies du plus grand nombre des hommes illustres de la Chine, il y en a beaucoup sans doute dont les certificats ne suffiraient pas à la critique. Ainsi, un admirateur des livres de Koung-Tseu, autrement Koung-Fou-Tseu, dont nous avons fait un savant en *us* en l'appelant Confucius, s'est donné beaucoup de peine pour démêler le vrai portrait de ce grand homme, et en définitive a réussi seulement à réunir quelques effigies contradictoires, entre lesquelles le choix ne saurait être qu'arbitraire. Le premier portrait qui ait paru en Europe figure en tête de l'*in-folio*, intitulé : *Confucius, Sinarum philosophus*, etc., publié à Paris, en 1687, par le P. Philippe Couplet et trois autres Jésuites. Ce portrait est gravé sans nom de peintre ni de graveur, sans indication de source. C'est le même que Landon a reproduit dans sa suite, et qu'il donne comme exécuté d'après un dessin du P. Couplet lui-même : désignation étrange, car, indépendamment du silence de la gravure, au bas de laquelle il n'y a l'indication d'aucun nom d'auteur, ni la dédicace de l'ouvrage au roi, ni la préface, ni la vie de Confucius, qui est signée du P. Couplet, ne s'en expliquent. Nulle part non plus, les

---

[1] *Pe-mei-thou-tchouen*, c'est-à-dire : « Biographies et portraits des cent plus belles femmes de la Chine. » L'ouvrage a cinq volumes.

Lettres édifiantes n'attribuent à ce digne ouvrier de la foi, si habile philologue, l'exercice du dessin. Quoi qu'il en soit, c'est probablement un des types courants à la Chine du portrait du *Père Ni*, comme on a surnommé le grand philosophe.

Un autre type fait partie de l'iconographie enluminée, envoyée, comme nous l'avons dit plus haut, à la bibliothèque de la rue de Richelieu, par le P. Amiot.

On trouve encore dans l'iconographie d'une encyclopédie chinoise [1] deux portraits, au choix, de Confucius. L'un qui porte l'inscription de [2] « Image du premier saint, » rappellerait un peu l'effigie de l'iconographie d'Amiot. Le second, qui a pour légende : « Autre image du premier des saints, » s'éloigne totalement de la première effigie, sans se rapprocher du type adopté par le père Couplet.

Vient un troisième type qui ne ressemble à aucun des autres. Celui-là mérite une mention particulière à raison de la beauté de l'exécution et de la scène où Koung-Fou-Tseu figure. Pour ne pas être détournés dans leurs entretiens, ses disciples, au nombre de quarante, conversent au bord d'un ruisseau. Le Père est au centre, devisant avec son élève favori Yen-Tseu. Des valets, placés en amont, livrent au courant de l'eau les tasses d'un liquide rafraîchissant que les disciples ramassent au milieu de leurs causeries philosophiques ; tandis que d'autres valets, de garde à l'extrémité du ruisseau, recueillent les tasses que l'assistance n'a point ramassées, ou qu'elle a rendues au courant. Les attitudes des personnages sont variées et pleines de naturel ; les têtes, expressives. Celle de Koung-Tseu particulièrement est d'une rare finesse. La composition occupe un très grand rouleau de soie dont l'exécution à l'encre de Chine, relevée de quelques teintes de jaune et de vert, effacées par le temps, remonte au IXe siècle. On trouve la description de ce rouleau dans le *Ko-Kou-iao-louen* ou « Dissertation sur les choses les plus essentielles de l'antiquité, » ouvrage en quatre ou six volumes in-12. Cette belle peinture appartient aujourd'hui à M. Callery.

Entre ces types, sans compter tous les autres qui courent encore à la Chine, quel est le vrai ?

Dans sa vie de Confucius [3], Amiot affirme que l'on possède en Chine plusieurs portraits authentiques de l'immortel philosophe à différents âges ; mais il ne dit mot de celui qu'avait donné le P. Couplet, et que, cependant il devait connaître. « Dans le temple domestique où nous faisons des cérémonies respectueuses en l'honneur de

[1] Intitulée *San thsaï thoù houï.*
[2] *Sién-ching siang.*
[3] *Mémoires concernant les Chinois*, t. XII.

nos ancêtres, dit, au rapport d'Amiot, un des descendants, à la quarante-septième génération, de Confucius, nous conservons encore quelques habits qui ont servi à Koung-Tseu, son portrait en petit et un portrait de son disciple Yen-Tseu. Nous savons par une tradition non-interrompue de père en fils que ces deux images sont très-ressemblantes. » C'était pour Amiot le cas de dire si le portrait de son iconographie était le même; il n'en a rien dit. Il ajoute seulement, d'après l'Encyclopédie *Iü-haï* (mer de Jade), livre 113, que le roi du petit royaume où le philosophe, autrefois son ministre, avait passé sa vie à professer et était mort[1], lui fit élever une grande pagode dans laquelle, suivant l'usage constant de la Chine à l'égard des ancêtres, il plaça l'image de Confucius au milieu de la salle principale, avec tous ses livres et ses instruments de musique. Or, ce fait ne pouvait guère avoir échappé aux satellites de l'empereur iconoclaste, et probablement le temple avec tout ce qu'il renfermait aura été saccagé. Nouveau doute où nous laisse encore le P. Amiot. A la rigueur, le portrait de Confucius pourrait avoir échappé à la destruction, comme plus tard se retrouvèrent ses ouvrages cachés dans les murailles, soit en sa demeure, soit chez ses disciples. On écrivait alors sur des planchettes de bambou: il est fort possible qu'on se servit du même fond pour les dessins et les peintures, et qu'une de ces planchettes ait conservé les traits du philosophe jusqu'à la renaissance des lettres. Toujours est-il que, postérieurement à cette époque, sous la dynastie des Hàn, on éleva des temples à Koung-Fou-Tseu dans toute l'étendue de l'empire, et que partout on posa son image, tantôt en peinture, tantôt en sculpture; mais l'Encyclopédie ne dit pas si le portrait du temple primitif a été pris pour modèle. L'Histoire générale de la Chine[2] ajoute que, l'an 960 de notre ère, l'empereur Taï-Tsou fit mettre l'effigie de Confucius et celle de son premier disciple dans les salles des colléges, mais elle se tait sur le type qui avait été choisi.

Dans la même Encyclopédie *Iü-haï*, livre 169, on cite l'anecdote suivante, d'après le *Kia-iü*, ou recueil des conversations familières de Confucius, composé par ses disciples. Le philosophe, étant allé faire une tournée dans le district impérial des Tcheou, voulut voir le temple nommé *Ming-Tang*, qui jouissait alors d'une grande célébrité. En visitant les beautés de ce temple, Confucius s'arrêta devant les portraits des anciens empereurs *Iao*, *Chuen* et *Kiè-Tchebu*; après avoir examiné attentivement ce que la physionomie de chacun de ces princes pouvait exprimer de vertus ou de vices, il dit en

---

[1] *Ngaï-Koung*, roi de *Lou*, contemporain de Confucius.
[2] T. VIII, p. 8.

soupirant: « Ah ! je comprends maintenant que la dynastie actuelle ait remporté des triomphes aussi éclatants sur ses prédécesseurs! » La profonde physionomie des portraits lui avait révélé l'âme des modèles.

C'est en Chine une coutume qui remonte aux temps les plus anciens, que tout empereur, en arrivant au pouvoir, écrive de sa propre main deux sentences à la louange du grand Koung-Tseu et qu'il les porte lui-même à un temple consacré à ce philosophe, pour les y suspendre en *ex-voto*. L'empereur Khang-Hi a fait plus, il a composé des commentaires sur les livres canoniques de Confucius. Cet hommage n'est pas, dans la pensée des peuples de la Chine, un vain souvenir d'étiquette, c'est comme un serment prêté par la puissance au génie modeste du bien. Et, chose digne d'étonnement et d'admiration ! tandis que, dans notre Europe, l'orgueil d'un vainqueur jouit des débris de la ruine du vaincu, tandis que la guerre et le fanatisme religieux ou politique brisent les statues, broient les épitaphes de leurs ennemis, traitent les vivants comme s'ils étaient morts, et les morts comme s'ils étaient vivants, jamais en Chine les nombreuses révolutions qui ont amené tant de changements de dynasties, n'ont profané cette collection précieuse. L'élève d'Aristote, le grand Alexandre, fit épargner, dans le sac de Thèbes, la maison de Pindare ; là, c'est un peuple tout entier qui montre le même respect pour le nom de son philosophe: tant fut toujours générale et profonde la vénération des peuples divers de la race chinoise pour les reliques du génie ! On ne voit nulle part qu'aucun temple de Confucius, la véritable incarnation chinoise, en quelque sorte le dieu domestique entre les dieux, ait été jamais violé, tandis que cela est arrivé souvent en Chine aux pagodes bouddhiques dédiées au dieu Indien Foe [1]. Il y a donc mille raisons pour qu'on ait recherché avec ardeur les véritables traits d'un si grand esprit; mais il y en a autant pour que la crédulité soit allée au devant de l'apocryphe.

V. — PEINTRES CHINOIS MODERNES.

Aujourd'hui, l'art chinois n'a plus rien à démêler avec les missionnaires, car ces religieux ne sont plus peintres, pénètrent peu jusque dans les grandes villes intérieures, et les quelques traditions européennes, qu'ils avaient essayé d'y inculquer, au siècle dernier, n'ont

[1] Voir au tome Ier pp. 75-76, du *Voyage de l'Ambassade de la Compagnie des Indes Orientales hollandaises,* déjà cité, la description de l'une des pagodes dédiées à Confucius. Son portrait ne s'y trouvait ni en sculpture ni en peinture.

laissé aucune trace. Quelques peintres nationaux, en fort petit nombre, établis à Canton et à Macao, ont reçu leçon d'artistes européens, et se sont essayés à secouer les vieux langes traditionnels de leurs compatriotes ; mais ils ne travaillent guère que pour les Occidentaux et sont méprisés des peintres vraiment chinois. Le plus connu d'entre eux est un certain Lam-Koa, véritable entrepreneur dont les boutiques à Canton et à Macao sont célèbres, et qui a été élève d'un peintre anglais, nommé Chinnery, mort il y a peu d'années[1]. Docteur *in utroque*, Lam-Koa pratique, depuis plus de vingt-cinq ans, l'huile et l'aquarelle. Il peint le portrait à bon marché et s'annonce comme habile à flatter ses modèles : au front de sa boutique est cet écriteau en chinois et en anglais : « Lam-Koa, peintre de belles figures. » Il copie, en couleur, des gravures et des lithographies européennes, et produit en stores, en écrans, éventails et albums, une multitude d'aquarelles où il s'évertue aux demi-teintes et aux ombres. Il fait de tout cela un commerce considérable avec l'Europe. Je possède une douzaine de dessins qu'il a exécutés pour moi, il y a une dizaine d'années, dans le mode mi-partie chinois et européen, pour un exemplaire des œuvres de Jean de La Fontaine, illustré de dessins originaux de tous les pays. Quelques-unes des compositions en sont assez jolies, mais l'exécution n'en a rien de piquant ni d'original. Après la conclusion du traité avec la France, le célèbre Ki-Ing, signataire de ce traité, envoya au ministre français, M. Guizot, son portrait à l'huile. Le peintre était ce même Lam-Koa. L'œuvre, du reste, assez médiocre, atteste une évidente application aux procédés de l'Europe. Ki-Ing fit exécuter, à la même époque, un autre portrait de lui pour le roi des Français, par un autre artiste national du nom de Che-Tien, qui ne travaille que dans le mode chinois. La figure, peinte par lui, est un peu plus grande que nature, en pied et assise. Ce n'est plus une peinture à l'huile, mais à l'eau et sur papier, et dont le commissaire impérial faisait, bien entendu, cent fois plus de cas que de l'œuvre sémi-européenne de Lam-Koa. Ce même Che-Tien a exécuté, pour mon La Fontaine, une centaine de dessins originaux qui ont toute la maladresse de dessins d'enfant, et respirent je ne sais quel parfum de paravents anciens. Il n'y avait pas mis toute sa force, car j'ai vu de cet artiste des aquarelles d'un goût et d'une exécution de beaucoup supérieurs. Lam-Koa a aujourd'hui, à Canton, un rival pour le portrait : c'est un autre élève du peintre irlandais Chinnery, nommé Ting-

---

[1] Les compatriotes de cet artiste, mort à près de quatre-vingts ans, lui ont élevé, par souscription, un tombeau à Macao. Le chargé d'affaires de France, M. Codrika, dont les rares loisirs sont consacrés à l'exercice d'un vrai talent de sculpteur, a modelé le portrait du digne peintre pour le placer sur la pierre tumulaire.

Koa, et, d'un autre côté, sa réputation comme peintre à l'huile
menace d'être balancée par un certain Joé-Koa, le Gudin de la Chine,
qui peint des paysages et de grandes marines dans le goût européen.

Nombre de curieux inclineraient pour l'opinion de Ki-Ing, et les
tentatives bâtardes de Lam-Koa, comme celles des autres Canton-
nais qui ont pris leçon d'artistes européens et ne sont en définitive
ni Européens ni Chinois, feraient volontiers regretter les naïves productions anciennes de l'art chinois pur. En effet, si les peintres modernes, *européanisés* ou non *européanisés*, possèdent beaucoup de
l'éclat des enluminures des anciens, avec quelque chose de leur fantaisie, ils n'ont ni l'originalité d'invention et de caractère ni le bonheur de composition, de mouvement, de ligne et de contour des
maîtres. Qui a vu les productions des uns a vu celles des autres,
car tous, tant qu'ils sont, tournent autour de la même routine et se-
couent de leur corne d'abondance ces albums toujours renaissants
de mandarins, d'oiseaux, de paysages, de fleurs, de papillons, de
jonques, de raretés galantes et graveleuses, en un mot, d'enluminures banales et superfines dont l'Europe est inondée. Dans leurs
bons moments, ils peignent sur paravents, cartels et pancartes, pour
les appartements chinois, de jeunes divinités essorant de feuilles ou
de fleurs de nénuphar, des personnages mythologiques entourés de
figures de talismans, qui préservent de tous maux [1]; des mandarins
étalant à plaisir la dignité de leurs larges ventres, ou bien chevau-
chant avec tristesse par monts et vallées vers les déserts de la Tartarie neigeuse ; des poètes cherchant des inspirations, aux dépens
de leurs ongles et de leur front, sur les bords d'un lac azuré ; de
grêles jeunes filles jouant de la flûte de jade, ou récoltant le thé,
ou disposant bien délicatement avec leurs doigts effilés, dans des
vases au long col, des fleurs de reine marguerite, de blanc amandier
ou de pêcher aux pétales roses ; ou bien encore, écoutant en silence
les bruits d'une cascade près d'un héron penseur, ou consultant
le vol fatidique des grues voyageuses, à travers l'espace, etc., etc.,
vieux sujets renouvelés des temps par-delà.

[1] Ces personnages sont Fo-Hi, le génie du beau temps, le génie de la deuxième
étoile de la Grande-Ourse, le génie de la pluie, le génie de la septième étoile de la
Grande-Ourse. Les talismans sont au nombre de soixante-douze. Ce sont des signes
et chiffres bizarres qui n'offrent que rarement un sens en chinois, et n'ont qu'une
valeur de convention parmi les sorciers et les charlatans. Le livre sacré, intitulé
Cahng youèn king, raconte que l'empereur *Hiao-Wén-Ti*, qui régna de 163 à 165
avant notre ère, découvrit ces talismans chez le sage Liéou. Depuis la dynastie des
Hân, 163 ans avant Jésus-Christ, on les copie pour les suspendre dans sa maison ;
et comme cette pancarte est de très-fréquent usage, on en vend qui sont imprimées
sur bois pour le menu peuple, à qui la cherté interdisait la peinture.

Les ateliers de Lam-Koa sont de vraies fabriques où, sous sa direction et celle de contre-maîtres, des manœuvres exploitent par le procédé du décalque et des patrons découpés, les œuvres des anciens. Bel esprit par citations, il prend rarement la peine de composer lui-même, bien qu'il ne compose pas mal, et, en définitive, ses œuvres ne sont, pour les neuf dixièmes, que le résultat d'une combinaison plus ou moins habile de pièces de rapport, comme le pratiquaient les peintres sous Khang-Hi et sous Khien-Loung, comme le pratiquait Northcote dans sa vieillesse, pour ses fables mises en lumière par Wm Harvey. Encore Northcote ne faisait-il d'emprunt qu'à ses propres œuvres. Lam-Koa occupe, à Macao, une maison entière. Il en a une semblable à Canton. Au premier, sont les ateliers, dans lesquels chacun a son département. L'œuvre fait la navette et passe définitivement sous les yeux du maître qui donne la dernière touche. Au rez-de-chaussée, est le magasin dans le style de ceux d'Alphonse Giroux et de Susse, où se vendent, avec le papier, les couleurs et les pinceaux, les produits terminés, et un assortiment de cartons à décalque, tout découpés pour les petits peintres de province.

L'atelier de Joé-Koa, à Canton, est tout à fait dans le même style. Plusieurs centaines d'ouvriers, plus qu'à demi-nus, à cause de la chaleur, y travaillent sous la direction de contre-maîtres.

On trouve une description assez piquante des ateliers, de la boutique et des petits procédés de Lam-Koa, dans un livre anglais publié à Londres avec le nom du docteur Toogood Downing, sous le titre assez étrange de : *The Fan Qui in China*, c'est-à-dire : *Le Diable étranger en Chine*[1], appellation par laquelle les natifs désignent les *barbares étrangers* qui les visitent.

Dans l'antiquité sacrée, il y avait une ville qu'on nommait *Cariath sepher*, la « ville des lettres, » résidence de paix, au pied de laquelle venaient expirer tous les bruits du monde, et qu'habitaient seuls, pour se livrer plus tranquillement à leurs travaux, les docteurs de la loi et copistes sacrés[2]. A la Chine, dans la province de Khiang-Sou, est une ville qui se consacre exclusivement aux beaux-arts : on l'appelle Sou-Tcheou. Là se confectionnent des soieries ornées, des peintures, des sculptures, des bronzes, de faux antiques : vraie ruche d'abeilles artistes qui rappelle ces colonies d'horlogers de la Suisse française, et les Phidias primitifs d'Oberammergau, en Bavière, ou de la charmante ville de Nürenberg. Ce sont

---

[1] Trois volumes in-8°. Chez H. Colbourn. M. Delécluse a imprimé, dans le numéro déjà cité de la *Revue française*, une traduction du passage qui parle de *Lam-Koa*, et accompagne cette traduction de réflexions intéressantes.

[2] *Josué*, ch. xv, v. 15; les *Juges*, ch. ii, v. 1.

ces artistes de Sou-Tcheou qui défraient, en grande partie, les marchés européens de curiosités et de peintures du Céleste-Empire : œuvres de pacotille que surpassent un peu les productions de Lam-Koa, de Ting-Koa et de Joé-Koa; mais qui, du moins, ont le mérite d'être purement chinoises de style, comme celles de Che-Tien.

Par tout ce qui précède, on a vu que l'art, à la Chine, n'est plus qu'un triste souvenir de lui-même. Suivant les temps et les circonstances, il fleurit ou s'éteint, s'élève ou s'abaisse. C'est à l'époque antérieure aux Soung, et surtout sous leur dynastie, qu'on vit s'épanouir en Chine la plus abondante floraison de chefs-d'œuvre. Puis, sans raison apparente, la sève se refroidit dans la veine des peintres. Un instant, elle reprit quelque fécondité au XVIIIe siècle; mais cette renaissance factice ne fut qu'un reflet lointain, un calque plus ou moins adroit du passé. Tel et pire encore est l'art de nos jours. L'intelligence ne saurait être une qualité oisive : elle meurt de disette comme le corps. Les peintres des Soung étaient des artistes; ceux qui tiennent maintenant le pinceau ne sont guères que des artisans : vrais peintres-machines, pareils à ces ouvriers de Birmingham et de Sheffield dont l'existence est réduite à un geste, et qui jouent le rôle, celui-ci d'un levier, celui-là d'un rivet, cet autre d'une cheville ou d'un écrou. Quand les arts ne marchent pas en avant, ils reculent. La Chine porte la peine des faux principes d'immobilité auxquels elle attache obstinément son existence. Sa défiance du progrès la condamnait à une décadence inévitable; et, aujourd'hui, tout se rapetisse, tout dégénère et croule dans ce malheureux pays, sous le coup de la révolution qu'y essaie une horde fanatique, inculte, pillarde, aussi ennemie des *Fan-Koaï*, des étrangers, que la dynastie tartare, dont elle s'efforce, d'une main impuissante, d'usurper le pouvoir chancelant.

Paris. — Imprimerie de Dubuisson et Cie, rue Coq-Héron, 5.

PARIS. — IMPRIMERIE DE DUBUISSON ET Cⁱᵉ, RUE COQ-HÉRON, 5.

www.ingramcontent.com/pod-product-compliance
Lightning Source LLC
LaVergne TN
LVHW011358170726
843501LV00006B/1893